한국 항일여성운동계의 대모
김마리아

한국 항일여성운동계의 대모 김마리아

| 전병무 지음 |

김마리아는 50여 년을 사셨는데 반평생을 조국의 독립을 위해 헌신하다가 해방을 1년 앞두고 저 세상으로 떠났다. 김마리아는 항일독립운동과 여성운동의 횃불이자 샛별과 같은 존재였다. 그의 독립정신은 동정녀로서 조국의 독립과 결혼할 만큼 순수했고, 그의 항일투쟁은 전장에서 항상 선봉에 섰던 잔다르크처럼 용맹하였다.

김마리아를 처음 알게 된 것은 아주 우연한 계기였다. 10여 년 전 어느날, 보라매공원에서 그의 동상을 보게 되었는데 어떤 분이냐는 친구의 물음에 궁색한 답변만 늘어놓은 적이 있었다. 역사를 공부하는 초학자로서 많은 것을 알 수 있었던 것은 아니었지만 마음은 편치 못했다.

그 뒤 일제시기 사법 관련 박사학위를 준비하면서 김마리아를 다시 만났다. 그와 관련된 판결문이었다. 1919년 3·1운동 당시 체포되어 100여 일 동안이나 지속된 그의 끈질긴 법정 투쟁 기록이다. 부끄러운 기억에 남다른 의미로 다가왔지만, 박사학위논문을 끝내야 하는 처지에서 그의 삶을 깊이 있게 반추해 보지 못했다. 차후를 기약할 수밖에 없었다.

그러던 차에 독립기념관에서 기획하는 독립운동가의 열전 중 김마리아를 집필할 수 있는 행운을 얻었다. 김마리아의 평전이나 전기 혹은 논문들을 통독하는 한편 관련 자료를 수집해 나갔다. 이를 통해 근대 전환기와 식민 지배를 겪어야만 했던 한국의 한 여성으로서의 김마리아를 만나게 되었다. 여성으로서 차마 형언할 수 없는 일제의 잔혹한 고문을 당한 일과 미국 유학시절 어려운 환경 속에서도 한국의 독립을 위해 여성운동을 이끌던 모습, 혈혈단신 중년의 여성으로 병마와 싸우며 지조를 지켜나가는 모습에 너무도 가슴이 시리고 저렸다.

하지만 김마리아의 삶을 새롭게 조명하기란 쉽지 않았다. 그동안의 연구로 그와 관련한 역사적 사실이 충분히 밝혀졌지만 세세한 부분은 새로운 자료가 발굴되지 않으면 해결할 수 없는 것이었다. 어떻게 집필해야 할 지 막막하였다. 고민을 거듭한 끝에 일단 김마리아의 생애와 활동에 대한 기존의 연구를 최대한 반영하여 객관적이고 담백하게 정리하고자 하였다.

이 책을 집필하면서 김영삼 선생의 『김마리아』와 김용옥 선생의 『김마리아-나는 대한의 독립과 결혼하였다』 등의 저서에서 많은 도움을 받았다. 이 자리를 통해 감사의 마음을 전한다.

2014년이면 그분이 떠난 지 70주년이 되는 해이다. 아무쪼록 많은 분들이 항일여성운동계의 대모였던 김마리아를 알게 되는데 조금이나마 보탬이 되었으면 하는 바램을 가져본다.

2013년 11월

전 병 무

차례

01 독립운동의 싹을 틔우다

출생, 그리고 가계

김마리아는 1892년 7월 11일(음력 6월 18일)에 아버지 광산김씨 언순彦
淳과 어머니 무장김씨 몽은蒙恩의 셋째 딸로 황해도 장연군 대구면 송천
리에서 태어났다. 김언순은 문숙공파文肅公派 33세손으로 시조는 고려
후기 명문귀족으로 광정대부도첨의사사匡靖大夫都僉議使司 · 보문각태학사
寶文閣太學士 · 동수국사판삼사사同修國史判三司事 등을 지낸 문숙공 김주정金
周鼎이다.

　김마리아 집안이 황해도 장연에 터를 잡게 된 계기는 조선왕조의 개
국과 관련이 있다. 조선왕조를 개창한 이성계의 반대세력이었던 17세
손 김성우金成雨는 멸문의 화를 피하고자 큰 아들 김남호金南浩를 충청도
보령으로, 작은 아들 김남염金南濂을 황해도 장연으로 각각 내려 보냈다.
김남염은 김마리아 가문의 중시조가 된다. 이러한 연유로 이후 김남염
의 후손들은 장연에 뿌리를 내리고 토호로서 대대로 살았다.

조선시대 중후기 무렵 김마리아의 직계 선대가 서울로 이주하였지만, 18세기 중엽(영조 말~정조 초 무렵) 김마리아의 현조부인 김창주金昌宙 때에 낙향하였다. 당시 중앙 정계의 현실에 심한 염증을 느낀 김창주는 미련 없이 가산을 정리하고 서울을 떠났다. 김창주는 상당한 재산을 가지고 내려왔다고 한다. 그는 장연 송천리 일대의 버려진 땅들을 사들인 뒤에 이를 개간하여 기름진 땅으로 바꿔놓았다. 그런 연유로 김마리아 집안은 '김참판댁'으로 불리며 장연군 일대에서 지주로 성장해 갔다.

그녀가 태어난 송천리는 소나무숲 사이에서 맑고 시원한 물줄기가 마르지 않고 흐른다는 뜻을 가진 고을이었다. 이렇게 마을 이름을 지을 정도로 자연환경이 매우 수려한 곳이었다. '송천리'는 우리 말로하면, '소래' 혹은 '솔래'라고도 불렀다. 소래마을은 장연군 대구면 면소재지로 구월산의 남쪽 끝자락에 자리하고 있다. 마을 뒤로는 허룡산이 병풍처럼 둘러서 있고 앞으로는 넓은 평야와 시원하게 펼쳐진 황해 바다가 한눈에 들어온다. 특히 소래의 구미포는 기암절벽과 푸른 소나무의 조화 아래 하얀 백사장이 끝없이 펼쳐져, 보는 이로 하여금 감탄이 절로 나오는 절경을 자랑한다. 이 때문에 외국인 선교사들의 휴양지로 자주 이용되곤 했다.

소래마을을 비롯한 장연군 일대는 황해도 서남쪽에 바다를 끼고 있어, 구미포·아랑포·몽금포 등 수심 깊은 포구들이 즐비하여 예로부터 중국 상선들의 출입이 빈번할 정도로 해상교통이 매우 발달한 곳이었다. 이곳 사람들이 서울에 가려면, 육로보다는 배를 타고 인천 제물포에 내려 서울로 들어가곤 하였다. 이처럼 소래마을은 해로를 통한 교통이

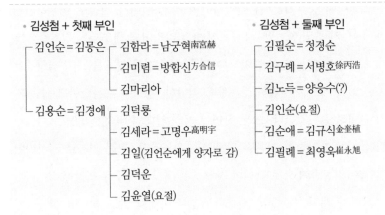

- 김성첨 + 첫째 부인

```
┌ 김언순 = 김몽은 ── ┌ 김함라 = 남궁혁南宮赫
│                   ├ 김미렴 = 방합신方合信
│                   └ 김마리아
│
└ 김용순 = 김경애 ── ┌ 김덕룡
                    ├ 김세라 = 고명우高明宇
                    ├ 김일(김언순에게 양자로 감)
                    ├ 김덕운
                    └ 김윤열(요절)
```

- 김성첨 + 둘째 부인

```
┌ 김필순 = 정경순
├ 김구례 = 서병호徐丙浩
├ 김노득 = 양응수(?)
├ 김인순(요절)
├ 김순애 = 김규식金奎植
└ 김필례 = 최영욱崔永旭
```

김마리아의 가족 관계

편리하였기 때문에, 외부와 접촉할 기회가 많아 소래 사람들은 개방적이고 진취적인 사고와 생활방식을 가졌다.

김마리아의 집안은 손이 매우 귀했다. 그의 증조부와 조부는 모두 독자라서 그런지, 조부 김성첨은 두 번의 혼인으로 많은 자손을 얻었다. 첫째 부인에게서는 김언순·김용순金容淳·김윤렬金允烈을 낳았고, 두 번째 부인 안성은安聖恩에게는 김필순金弼淳·김구례金具禮·김노득金路得·김인순金仁淳·김순애金淳愛·김필례金弼禮를 얻었다.

김마리아의 아버지 김언순은 1861년생으로 자字는 윤방允邦이다. 집안의 장남으로 태어난 그의 성품은 침착하고 온후하며 학덕이 있어 집안이나 마을 사람들로부터 존경을 받았다. 할아버지가 그를 일찍 혼인시켜 아들을 얻고자 9살이나 연상인 명문가 규수 김몽은과 혼인시켰다.

이화 7인 전도대(앞줄 왼쪽부터 김애은, 김활란, 김폴린, 홍에스더, 윤성덕, 김함라)

김필순

하지만 함라函羅, 미염美艶 모두 딸만을 낳았다. 이에 김마리아가 태어날 당시 우렁찬 울음소리에 아버지는 내심 아들이라고 기대했다고 한다. 김언순은 1892년 할아버지가 작고하자 집안 큰 어른으로서의 역할을 다했으며 기독교 사상을 받아들였다. 그러나 그는 김마리아가 3살 때인 1894년 34세의 젊은 나이에 병을 얻어 세상을 하직하고 말았다.

김마리아의 큰언니 함라는 1887년생으로 연동여학교를 졸업하고 신학박사 남궁혁과 결혼하였다. 남편과 함께 중국 상해로 망명하여 독립운동에 투신하였다. 작은언니 미렴은 1889년생으로 세브란스 의학전문학교 6회 졸업생인 방합신과 결혼하였고, 그의 남편은 황해도 신천과 평양에서 병원을 운영하였다.

첫째 작은아버지 김용순은 1865년생으로 자字는 윤오允五이다. 형 언순과 함께 한학을 공부했는데 서상륜 형제로부터 기독교 사상을 접하게 되면서 기독교 신자가 되었다. 그는 장연의 향장을 지냈고 쌀장사를 통해 상당한 재산을 형성하였으며, 기독교 선교활동과 함께 국권회복운동에도 참여하였다. 특히 백범 김구와는 막역한 사이였다. 『백범일지』에 의하면, 김구가 약혼한 여자가 병으로 죽자, 그녀의 장모를 김윤오에게 보내 예수를 믿고 여생을 보내도록 하였다는 기록이 있다.

김용순은 1903년 경 고향 소래마을 떠나 서울로 이주하였다. 그는 동생 필순과 함께 세브란스병원 바로 앞에 '김형제상회'를 차렸다. 이층 건물인 김형제상회의 위층은 구국계몽운동과 신민회의 본거지로 도산

왼쪽부터 김필순, 김순애, 정경순, 안성은, 김필례

안창호를 비롯한 민족지도자들의 주요 집합소였기도 하였다. 당시 김용
순은 상회 경영은 지배인에게 맡기고 국권회복운동에 더 열심이었다.

둘째 작은아버지 김윤열은 총명하여 가문을 부흥시킬 기대주였으나
1891년경 과거에 급제하고 귀향하는 중 장티푸스에 걸려 사망하였다.
셋째 작은아버지 김필순은 1877년생으로 언더우드H. G, Underwood의 권
유와 도움으로 17세에 서울로 올라와 배재학당을 졸업하였다. 1899년
제중원濟衆院의 책임자였던 샤록스A. M Sharrocks 박사의 통역과 조수로 일
하면서 의학도의 길을 걸었다. 1901년 제중원에 입학하여 의학 공부를

하면서 제중원 병동과 시약소 조소로 근무하며 병원의 경영에도 관여하였다. 1911년 초에는 세브란스병원 시약소의 책임자이자 의학학교 교장직을 맡기도 하였다. 이 무렵 안창호와 의형제를 맺고 많은 독립운동가들과 교류하였다.

김필순은 정경순과 혼인하여 네 명의 자녀를 두었다. 첫째는 아들 덕룡德龍이고, 둘째 딸 세라世羅, 셋째는 아들 일一, 넷째는 덕운德雲이었다. 김마리아는 세라 언니와 가깝게 지냈다. 세라는 언더우드의 중매로 소래마을 출신의 기독교 집안 청년 의사 고명우高明宇와 혼인을 하였다. 고명우는 3·1운동 당시 세브란스병원에 근무하고 있었는데, 김마리아가 병보석으로 풀려난 후 주치의로 그를 보살폈다.

첫째 고모 구례具禮는 서병호와 결혼 한 후 상해로 망명하여 신한청년당을 결성하는 등 독립운동을 전개하였고, 둘째 고모 순애淳愛는 정신여학교를 거쳐 남경대학을 수료하고 유명한 독립운동가 김규식 박사와 혼인하였다. 셋째 고모 필례弼禮는 세브란스 의학전문학교 3회 졸업생으로 YWCA의 창설자 중 한 사람인 의사 최영욱崔永旭과 결혼하였다.

김마리아의 집안사람들은 이렇듯 모두 한국의 근대화(여성운동)와 항일구국운동에 앞장섰던 민족지도자들이었다. 이러한 환경 속에서 김마리아는 민족과 나라를 구할 지도자로 성장해 갔다.

소래교회와 김마리아 집안

소래마을은 한국기독교 역사에서 매우 중요한 곳이다. 선교사들의 도움

을 받지 않고 한국인 스스로 최초의 교회를 세
운 곳이기 때문이다. 김마리아 집안이 물심양
면으로 후원한 영향이 컸고, 이로써 기독교 신
앙을 받아들이는 계기도 되었다.

소래마을에 기독교를 처음으로 전파한 사람
은 서상륜徐相崙과 서경조徐景祚 형제였다. 이들
은 평안북도 의주 양반가문의 유족한 집안에
서 태어났다. 이들 형제는 일찍 부모를 여의고
할머니의 손에서 자랐다. 서상륜은 20대 무렵
중국 만주를 오가며 인삼장사를 시작하였다.
1878년 그가 만주 영구營口에서 장티푸스에 걸
려 사경을 헤맬 때, 고향친구의 주선으로 영국
선교사가 운영하는 병원에 입원하여 치료를 받
게 되었다. 당시 스코틀랜드 출신 존 매킨타이
어John Macintyre 목사의 정성스런 간호로 완치된

소래마을에 기독교를 처음 전파한 서상륜

뒤 기독교 신앙을 받아들이고 이듬해 매킨타이어의 존 로스John Ross 목
사에게 세례를 받았다. 훗날 로스 목사는 그의 처남이 되었다. 로스 목
사의 권고에 따라 심양沈陽에서 이응찬李應贊·백홍준白鴻俊 등과 함께 신
약성서의 번역작업에 참여하였다.

그 결과 1882년 3월 한글성경 『예수성교 누가복음전서』가 최초로
발행되었고, 그 해 5월 한글성경 『예수성교 요한복음전서』도 출판되었
다. 서상륜은 1883년 번역된 한글성경과 한문성경을 가지고 입국을 시

도하다가 국경에서 중국 관헌에게 적발되어 체포, 구금되었다. 그때 의주부 집사이며 신자인 김효순金孝順 등의 도움으로 탈출에 성공하여 간신히 의주로 돌아올 수 있었다.

그 뒤 서상륜은 가산을 정리하고 동생 경조와 가족을 데리고 먼 친척이 살고 있는 황해도 장연군 대구면 구미리로 피신하였다. 서씨 형제는 그곳에서 약 20리 떨어진 소래마을의 유지인 김마리아 집안과 가까이 지내며, 후원을 받아 기독교 전도사업을 시작하였다. 서경조는 1884년 자신의 집에 예배당을 개설하고 신도를 모아 예배를 보았다. 이로써 한국 최초의 교회역사가 시작된 것이다. 1885년 신자수가 300여 명을 넘어섰고, 세례를 받고자 하는 사람도 90여 명에 이르렀다.

이때 마침 미국인 선교사 언더우드와 아펜젤러H. G, Appenzeller가 정부의 공식 초청으로 입국하였다. 서경륜은 동생 경조를 서울로 보내 언더우드에게 세례를 받도록 하는 한편 소래마을의 방문을 요청하였다. 이에 9월 언더우드가 소래마을로 내려와 서경조의 둘째 아들 서병호徐丙浩에게 유아세례를 주었다. 이는 한국 기독교 사상 최초의 일이다. 이후 소래마을은 외국인 선교사들이 반드시 머물다 가는 '성지' 코스와 같이 인식되어, 많은 선교사들의 발길이 끊이지 않았다. 당시 평안도는 물론이고 황해도에도 기독교가 광범위하게 전파되었고 서양 선교사를 통해 외부 세계의 근대문명을 알게 되었다.

소래교회는 서씨 형제의 노력, 외국인 선교사들과 김마리아 집안의 후원 아래 성장해 갔다. 장연 일대에서 활발한 포교활동을 펼쳐 점차 신자수를 늘어나 소래교회의 예배시간에는 신자들로 넘쳐났다. 하지만 예

1894년 당시 소래교회

배당이었던 서경조의 집 사랑채는 너무 비좁았다. 이에 1895년 1월 말부터 신자들 사이에서 자발적으로 교회를 건축해야 한다는 논의가 일어났다. 2월이 되자 서경조와 김마리아 집안이 중심이 되어 본격적인 교회 건축이 시작되었다.

교인들은 건축헌금을 내거나, 목재를 준비하거나 노동력을 무상으로 제공하는 등 각자의 능력과 형편에 따라 교회 건축에 열을 올렸다. 외국인 선교사나 외부의 지원 없이 한국인 스스로 건축기금을 마련하고 직접 참여하였던 것이다. 마침내 교인들의 힘으로 8칸짜리 기와집 예배당이 완공되어 1895년 6월 9일 첫 예배를 드렸다.

소래교회의 건립과정에서 빼 놓을 수 없는 사람이 캐나다 출신의 선교사 매켄지W. J. Mekenzie 목사이다. 그는 1894년 2월 서경조를 찾아와 소래마을에 정착하여 선교활동을 하겠다는 포부를 밝혔다. 매켄지는 그의 도움으로 거처를 마련하고 가을부터 본격적으로 전도활동을 전개하였다. 그는 한복을 입고 거친 한국음식을 먹으며 한국어를 공부하는 등 한국인과 동화되고자 하였다. 이런 그를 '김세金世'라는 한국이름으로 불렀다. 동학농민운동으로 장연 읍내가 농민군의 수중에 장악된 위기 속에서도 그는 서경조와 함께 농민운동의 지도자와 면담하는 등 선교에 대한 노력을 포기하지 않을 정도로 열정적이었다.

김마리아의 집안사람들도 매켄지의 선교사업을 적극 지원하였다. 그를 집으로 초대하여 식사대접을 하였고 전도 방문 길에는 동행하기도 했다. 김용순은 지방관과의 만남을 주선하여 희망과 용기를 주었다. 그런데 같은 해 5월 뜨거운 땡볕 아래 걸어서 서울을 왕복하며 선교 물품들을 구해오는 등 자신의 몸을 돌보지 않아 결국 일사병과 감기 증세로 두통과 고열에 시달렸다. 결국 1895년 6월 교회가 완공되기 직전 일사병과 고열의 고통을 이기지 못하고 정신이상을 일으켜 자신의 총으로 자살하고 말았다. 그의 유언에 따라 시신은 교회 부근에 안장되었다. 그의 장례를 맡아서 정중하게 치러 준 사람들 가운데 김마리아의 부친도 있었다. 이러한 인연으로 훗날 매켄지의 약혼녀는 김마리아가 미국에서 귀국하는데 결정적인 역할을 하게 된다.

매켄지 사망 이후 언더우드가 소래교회의 담당 목사가 되었다. 하지

이화여전 교수 김필례(좌)와 김활란(우)

만 그는 전국 순회전도 활동과 성경번역 사업 등으로 소래교회에 정착할 수 없었다. 이에 그는 서경조에게는 장로 직분을, 김용순과 안제경에게는 집사 직분을 주어 교회를 발전적으로 운영하도록 하였다. 당시 기독교를 신봉하는 사람들은 대부분 실제 학문을 배우지는 못한 사람들이었다. 그렇지만 기독교를 통해 서양의 문명을 이해하고 신앙심과 애국사상을 갖게 되었다.

김마리아는 이러한 환경 속에서 독실한 기독교 정신과 나라사랑 정신을 체험하며 성장하였다. 그는 어린시절 감기 한 번 앓는 일 없이 아주 건강하게 자랐다. 외모는 이목구비가 뚜렷한 것이 아주 잘생긴 사내아이 같았다. 그도 그럴 것이 김마리아는 사내 옷을 입고 자랐다. 이와달리 그의 성격은 매우 침착하고 과묵하며 총명하였다.

김마리아는 그의 나이 8세 때인 1899년 해서제일학교에 입학하였는데, 남복男服을 입고 가마를 타고 다녔다. 당시만 해도 여자 아이들은 보통 장옷을 입고 외출하거나 학교에 다녔다. 이 학교는 1895년 2월 매켄지가 신학문 보급과 기독교 지도자를 육성하기 위해 남자 아이들을 가르치는 소래교회의 부설학교로 세워졌다. 처음에는 '김세학당'이라 하였는데 뒤에 '소래학교'로 불렀다. 매켄지가 사망한 뒤 그의 유산과 교인들의 기부금을 합쳐 18칸의 학교로 증축하고 남녀 소학교와 고등과를 병설하여 개화기 황해도 신교육의 산실되었다. 서상륜의 동생 서상봉徐相奉과 이국보李國輔가 교사로 부임하여 주로 신학문과 기독교 사상을 가르쳤다. 교과과목은 한글·성경·산술·천자문·습자·작문 등이었다.

김마리아는 학교에 입학한 지 6개월 만에 두각을 나타내기 시작하였다. 언더우드는 소래마을을 찾을 때면 많은 선물을 가지고 왔다. 시험 성적이 좋은 소래학교 학생들에게 상을 주고자 했기 때문이다. 당시 어떤 내용의 시험을 보았는지는 알 수 없으나, 아마도 성경 지식에 관한 문제를 출제했을 것으로 추측된다. 시험에서 상급생을 제치고 김마리아가 전교에서 일등을 하고 김필례 고모는 2등을 하였다. 이후 그는 학교에서 주목받는 우수한 학생이 되었다. 김마리아는 4년 동안의 학업을 마치고 1903년 12세에 졸업하였다.

서울로 이사, 숙부들의 구국활동

김마리아의 어머니는 남편이 사망한 후 시동생 김윤오의 반대에도 불구하고 본가 인근으로 분가하여 살았다. 어머니는 복막염으로 오랫동안 고생하면서도 막내딸 김마리아를 애틋하게 사랑하며 그의 교육에 전념하였다. 그런 어머니가 1905년 12월 추운 겨울날 세상을 떠나고 말았다. 아버지의 정을 받지 못하고 자란 김마리아에게는 감당할 수 없는 슬픔이었다. 당시 큰 숙부와 작은 숙부는 모두 서울로 이사하였고, 큰 언니 함라도 서울에서 유학하고 있었기 때문에 소래마을에는 김마리아와 작은언니뿐이었다.

병중에서도 그의 어머니는 부모 없이 살아갈 어린 막내딸 김마리아가 눈에 밟혔다. 어머니는 가족들에게 "삼형제 중에 위로 둘은 못하더라도 김마리아만큼은 반드시 외국에 유학을 시켜 달라"는 유언을 남겼다. 비보를 접한 큰언니와 숙부들 그리고 고모들이 서울에서 달려왔다. 세 자매에게 어머니의 죽음은 엄청난 고통이자 슬픔이었다. 장례는 집안 어른들의 주도하에 전통적인 절차에 따라 진행되었다. 장지인 선산에 눈이 덮이고 매우 추워 분묘를 제대로 쓸 수 없어서 초빈만 해 놓고 이듬해 3월 정식으로 장례를 치렀다. 어머니는 아버지 묘에 함께 누웠다.

어머니마저 세상을 떠나자 김마리아와 작은언니는 더 이상 고향 소래에 있을 이유가 없었다. 그들은 1906년 4월 소래마을을 떠나 서울 서대문에 사는 큰 숙부 김용순의 집으로 이사하였다. 당시 서울에는 김용순과 김필순이 살고 있었다. 김용순은 구국계몽운동 단체인 서우학회와 김형제상회 사업으로 분주한 나날을 보내고 있었고, 김필순은 세브란스병원에서 살림을 차리고 있었다.

서우학회는 1906년 10월 관서지역 인사들을 중심으로 국민교육회·

대한자강회·황성기독교청년회와 전·현직 무관그룹 등을 기반으로 지역 단위의 단체로 조직되었다. 이들은 민족적 위기의식을 최대한 결집시켜 국권회복의 의지를 키우고 민력을 기르기 위해서는 지역인을 대상으로 차근차근 쌓아 올려야 한다고 보아 각성이 비교적 빠른 관서지역에 지역 단위의 단체를 설립하였다. 발기인은 김마리아의 큰숙부인 김용순을 비롯하여 서북지역의 대표적인 지식인들인 박은식朴殷植·김병희金秉熹·신석하申錫廈·장응량張應亮·김병일金秉一·김달하金達河·김석환金碩桓·김명준金明濬·곽윤기郭允基·김기주金基柱·김유탁金有鐸 등 12인이었다.

서우학회는 대중운동을 위해 단체의 조직력을 충분히 활용해야 한다고 보고 서울에 중앙회를 두고 지역에 지방조직을 두었다. 중앙 임원진에는 회장·부회장 겸 총무·평의원·교무원·교제원·회계원·서무원·서기·사찰원을 두고, 월보 간행을 위한 주필·편집·협찬원을 두는 한편, 새로운 사업을 추진할 때마다 비상임위원을 선정하였다. 서우학회의 활동은 각기 위기의식을 느끼던 민중들을 분발케 하여 계몽운동에 참여케 함으로써 몇몇 선구자에 의해 전개된 운동을 광범위한 대중운동으로 전환시키는데 큰 역할을 하였다. 이를 계기로 관서지방은 국권회복운동의 요람이 되었으며 많은 운동가를 탄생시켰다.

당시 김용순과 김필순은 함께 서울에서 김형제상회를 운영했는데 이곳은 당시 구국민족운동의 거점 역할을 담당하였다. 이와 관련한 일화는 당시 상황을 잘 보여준다. 1907년 '어가동도御駕東渡(고종황제가 양위되어 일본으로 잡혀간다는 것)'라는 소문으로 온 나라의 인심이 흉흉하였다. 이때 황해도 신천에서는 대표 3인(안명근·김한상·곽태종)과 정일선 등을 서울에 보내 애국동지들과 협력하여 죽음으로 '어가동도'를 막게 하였다. 이들은 서울로 가는 도중에 같은 일로 평양에서 출발한 황기운을 만나 서울의 김형제상회를 찾았다.

김형제상회는 어떤 비밀 장소는 아니었지만, 도산을 형님으로 정하고 친근히 지내는 김필순이 제공한 상회 위층을 접빈실로 사용하고 있었다.

안명근은 사고로 인하여 도중에서 떨어지고 세 사람만이 도산을 만나게 되었다. 김형제상회 위층에는 안태국·차리석 두 분이 접빈 사무를 보며 도산이 결석할 때는 도산을 대신하여 경성 사회 중심 인물들의 회람 소식을 각처 대표들에게 전해주고 있었다.

이들뿐만 아니라 경성 대표, 일본 동경 유학생 대표, 블라디보스토크 대표 등도 김형제상회로 모여들었다. 즉 안창호는 미국에서 환국하여 김형제상회를 중심으로 정운복·장지연·양기탁·이동휘·이갑·노백린·이승훈 등 동지들을 규합하여 배일구국활동을 전개하였다. 이 중 노백린·이갑·이동휘·유동열 등은 그의 작은숙부인 김필순과는 한 형제처럼 가까이 지내는 사이였다. 『독립혈사獨立血史』 제2권의 계원桂園 노백린 편에 실린 한 장의 사진이 이를 증명한다.

1906년경에 촬영된 것으로 보이는 이 사진에는 김마리아 집안 사람들과, 노백린과 유동렬이 군복을 입고 있는 모습이 등장한다. 이갑·유동열·노백린·이동휘 등은 구한국시대에 국비장학생으로 일본육군사관학교에 유학하여 교육을 받고 대한제국의 군인으로 활동했던 장교들이다. 1907년 8월 1일, 이들은 일제의 책동으로 대한군대가 해산을 당

김마리아 가족과 노백린 가족(1906년경)

하자 군복을 벗고 신민회 등의 배일애국운동에 동참하였고 러시아·미
주·중국 상해 등지로 망명하여 항일구국운동을 펼쳤다.

　작은숙부 김필순은 안창호와 의형제를 맺고 구국활동을 함께 전개하
였고, 신민회에 가입하여 독립운동에도 적극적으로 참여하고 있었다.
신민회는 1907년 2월 미국에서 귀국한 도산 안창호가 양기탁·안태국·
이승훈·전덕기·이동녕·주진수·이갑·이종호·최광옥·김홍량 등과 만
나 결성한 것이다. 신민회의 창건위원은 안창호·양기탁·전덕기·이동
휘·이동녕·이갑·유동열 등 7인이었고, 노백린은 이후 회원에 가입하
였으며 이승훈·안태국·최광옥·이시영·이회영·이상재·윤치호·이

강·조성환·김구·신채호·박은식·임치정·이종호·주진수 등도 참여하였다.

김필순은 안창호와 함께 신민회의 비밀활동을 하다가, 1911년 이른바 '105인 사건'이 발생하자 신변의 위협을 느끼고 그 해 12월 중국으로 망명하였다. 다음 해 통화현通化縣 통관東關에 정착한 김필순은 병원을 세우고 의료사업을 펼치며 이상촌을 건설하며 독립군을 양성하고자 하였다. 이어 김필례에게 편지를 보내 어머니, 여동생 김순애, 아내와 자식 등 가족들 모두 이주하도록 하였다.

김필순은 일제의 감시와 압박이 심해지자 1916년 몽골 근처 치치하얼齊齊哈爾로 옮겨가 병원을 개업하였다. 그는 독립운동가의 구호자로서 활동하는 한편 이상촌 건설을 위해 중국 국적을 얻어 주변의 땅들을 사들여 가난한 동포 30가구를 받아들였다. 병원 일이 바빠지자 김필순은 그의 형 김용순을 불러다가 감독 일을 맡기고, 김필례와 최영욱 부부에게는 병원 일을 돕도록 하였다. 김필순은 치치하얼에서 3·1운동을 맞게 되자 조국광복을 확신하고, 열정적으로 자신의 이상촌 건설 사업에 헌신하였다. 병원의 환자도 늘어나 간호사와 일본인 의사까지 둘 정도였다. 그런데 안타깝게도 그는 1919년 7월(음) 일본인 의사가 준 우유를 마시고 급사하고 말았다.

김마리아는 이와 같이 가족들이 모두 국권회복운동에 전념하고 있는 환경 속에서 자라났다. 또한 그는 노백린의 딸 노숙경·노순경, 이동휘의 딸 이의순·이인순 등과 정신여학교에서도 함께 공부하기도 하였다.

1906년 6월 김마리아는 서울로 올라온 지 석 달 만에 큰숙부의 주선으로 이화학당에, 미렴 언니는 큰언니와 고모들이 다니는 연동여중에 입학하였다. 김마리아는 입학한 날부터 학교 기숙사에서 지냈는데, 언니들과 떨어져 어린 나이에 혼자 기숙생활을 하는 것을 힘들어 했다. 어머니가 돌아가신 지 불과 6개월밖에 안된데다가 가족에 대한 그리움 때문이었다. 이화학당에 입학한 지 보름쯤 지났을 무렵 김마리아는 큰숙부에게 혼자 떨어져 이화학당에서 공부하는 여러 고충을 털어 놓았다. 김마리아의 사정을 들은 큰숙부는 그를 언니들이 다니는 연동여중에 입학시켰다.

연동여중은 1887년 미국 북장로회 선교사 엘러스Miss, Annie Ellers가 서울 정동에 설립한 학교이다. 1895년 연지동으로 학교를 옮긴 뒤로는 연동여학교로 이름을 고쳤고 1903년에는 연동중학교로 개칭되었다. 그 뒤 1909년 사립정신여학교로 다시 개칭되었다. 학교의 수업 방식은 철저한 암기식 교육이었다. 암기를 잘 하지 못하면 체벌을 주기도 하였다. 학교 측은 지식을 정확히 알아야 그것을 실천할 수 있다고 여겼기 때문이었다. 당시 학생들은 배웠던 과목은 성경·한문·국어·역사·지리·산술·도화·습자·체조·음악·가사·침공·과학·천문 등이었다. 생물과 천문은 당시로는 앞선 학문이었다. 생물은 인체의 구조, 생리, 화학 등을 가르쳤는데 학생들은 제중원에 가서 의학생들과 같이 실험하며 배웠다. 서양사와 천문은 선교사 게일Gale 박사로부터 직접 배워 교육수준이 매우 높았다. 서양 선교사들은 과학, 문예 등 새로운 지식을 가르쳤고, 전통과목은 한국인 교사들이 가르쳤다.

엘러스(Miss, Annie Ellers)

한국인 교사들 가운데 김마리아에게 큰 영향을 끼친 두 분의 선생님이 있었다. 한 분은 신마리아 선생님이다. 당시 여성교육에서 가장 중요한 것은 가사와 침공針工 그리고 생활교육이었다. 여성교육 정신이 아무리 투철하여도 한국 여성으로서의 정신이 없으면 안된다는 이유에서였다. 신마리아는 1896년 10월 부임했는데 여성교육의 필요성을 느낀 아버지 김홍택金弘澤에 의해 신교육을 받았다. 기독교 신자 신정우辛正祐와 혼인하면 남편의 성을 따라 신마리아로 바꿨다. 한평생을 정신여학교 교감으로 봉직하면서 자주적이고 애국적인 인성교육과 여성 기독교 교육에 전념하였다. 그러나 그는 3·1운동 때 애정으로 키운 김마리아 등 제자들과 자신의 딸 신의경이 일본 경찰에 체포되는 것을 보고 충격을 받아 병석에 누운 지 2년 만에 세상을 떠나고 말았다.

또 한 분은 한문을 가르친 김원근金瑗根 선생님이다. 한문은 당시만 해도 매우 중요한 교육과목이었다. 한문에 얼마나 능통하냐에 따라 사회적 처지와 대우가 달랐다. 그는 김마리아가 연동여학교에 입학한 해인 1906년에 부임하여 성현들의 행적을 통해 인간이 지녀야 할 기본적인 자세와 동양의 미덕을 높이 평가하여 가르쳤다. 뿐만 아니라 그는 애국 애족심이 투철하여 학생들에게 애국정신을 북돋아 주었다. 김마리아는

정신여학교 시절(1914, 맨 뒷줄 왼쪽 첫 번째가 김마리아)

두 분의 선생님으로부터 나라와 민족을 사랑하는 철저한 한국인 정신을
배웠고 그의 인생에 큰 밑거름이 되었을 것이다.

　정신여학교는 교복이 따로 없었으나 학생들은 모두 한복을 입었고,
졸업식과 같은 특별 행사가 있을 때는 흰 치마저고리를 입었다. 학생들
은 전원 기숙사 생활을 하였는데, 학교생활 규칙은 엄격했다. 아침 여섯
시에 일어나 세수를 하고 머리를 빗고 단정히 옷을 입으며 하루를 시작
하였다. 학생들과 선생님들이 시간에 맞추어 한데 모여 경건한 마음으
로 아침 예배를 드렸다. 예배가 끝나면 아침 식사를 하고 시간표에 따라

공부하였다. 저녁 아홉시 전에 저녁 예배를 올리고 잠을 자야 했다. 이런 기숙사 생활에서 만약 게으름을 피운다거나 남에게 피해를 줄 만큼 소란을 피우는 등의 행위를 하면 벌을 받았다.

개인의 외출은 허락되지 않았지만 부모의 면회는 가능했다. 방학에는 집에 가 있을 수 있었고, 토요일 오후에 집에 갔다가 일요일 오후에 기숙사로 되돌아올 수도 있었다. 일요일에는 아침, 오후, 밤 세 번의 예배에 참석했다. 아침과 저녁 예배는 연동교회에서, 오후 예배는 제중원에 있는 구리개교회에서 보았다.

김마리아는 연동여학교의 기숙사생활과 예배를 통하여 고결한 품성과 지엄한 행실을 직접 배우고 익히는 가운데 그의 신앙심도 깊어갔다. 1908년 연동교회에서 밀러F. S Miller 목사에게 세례를 받았다. 밀러 목사는 1892년 미국 북장로회 소속으로 내한하여 민로아閔老雅라는 한국 이름으로 활동하였다. 그는 1893년 서울에서 예수교학당(경신학교) 책임자가 되어 학교 이름을 '민로아학당'으로 고쳤다. 이때 안창호와 같은 걸출한 인물을 길러내는 등 기독교 교육에 힘을 쏟았다. 또한 1895년 연동교회가 탄생할 때 기초를 놓은 역할도 하였다. 1904년부터 청주에서 최초 교회를 세우고 활동하던 중 아내 안나 밀러를 잃었다. 그 해 제3대 연동여중 교장 도티와 재혼하였다.

김마리아는 언니, 고모들과 한 기숙사에서 생활하였기 때문에 화기애애한 분위기 속에서 평안하게 학업에 열중할 수 있었다. 그는 모든 학과목에 흥미롭고 재미있어 했다. 자연히 학업성적도 우수하여 늘 1, 2등을 다투었다.

그러던 어느 날 김원근 선생님이 지도하는 국어 시간에, '근래 각자가 보고 느낀 것을 소재에 상관하지 하지 말고 작문해 보라'고 하였다. 대부분의 학생들은 자연의 아름다움에 관한 글을 지었는데 김마리아는 당시의 일본의 탄압상을 신랄하게 비판하는 글을 써냈다. 김 선생은 당시 위험을 무릅쓰고 그 글을 김마리아에게 낭독시켰다. 학생들은 그의 날카로운 비판력과 부드러운 문장력 그리고 애국심에 감탄해 마지 않았다.

기숙사생활은 김마리아의 학교생활에 즐거운 추억거리를 제공하기도 하였다. 김마리아와 김미렴, 오현관·오현주 자매, 노숙경은 기숙사에서 같은 방을 쓰는 '누룽지방 형제'였다. 이런 별명은 저녁이면 누룽지를 먹으며 공부한 데서 붙여졌다. 오현관이 2년 동안 기숙사 식사감독을 하였는데 하루 세끼 모아 온 누룽지를 먹곤 하였던 것이다.

정신여학교에 재학하는 동안 김마리아는 항상 과묵하고 침착하였다. 친구들과 어울려 웃고 떠드는 일이 없고, 자기 할 일에 언제나 충실하였다. 학우들이 서로 농담을 걸고 웃기려 하면 그는 조용히 눈으로 웃어 보일 뿐이었다. 그러면서도 매사에 화목한 분위기를 조성하려고 애를 썼다. 모든 면에서 능동적이면서 지도력을 갖춘 모습은 학우들에게 의지적인 인물로 비쳤다. 그래서 동창생들과 동기들은 이러한 김마리아를 어려워하면서도 매우 좋아하고 따랐다.

김마리아는 1910년 6월 정신여학교 4회로 졸업하였다. 동창들 가운데는 여성계의 지도자들이 많았는데, 이자경·김미렴·방신영·노숙경·이천래·유각경·이임순·유영준·박송자·홍은희·우봉운·김수업·이

정신여학교 4회 졸업생(앞줄 오른쪽 두 번째가 김마리아)

신애·박양무·최은경·오현관·오현주·유선형·방희중·최대성·고경
신 등이다. 김마리아·오현주·오현관·홍은희 등은 훗날 대한민국애국
부인회에서 함께 활동하였다.

광주 수피아여학교와 정신여학교 교사

김마리아가 정신여학교를 졸업할 당시 우리나라는 일제에 의해 국권상
실 직전의 풍전등화 상태였다. 그는 19살로 결혼할 나이임에도 불구하
고 졸업 즉시 전남 광주의 수피아여학교 교사로 취직하였다. 수피아여

루이스 교장

학교는 1908년 미국인 선교사 유진 벨Eugene Bell이 설립한 학교이다. 그가 여학교 교사가 된 것은 조국이 필요로 하는 여성을 양성하겠다는 생각에서였다. 큰언니 김함라가 그 학교에서 재직하고 있는 것도 영향이 없지는 않았다.

그런데 새 학기를 시작할 무렵, 김마리아는 경술국치의 비보를 접하게 되었다. 그 당시의 참담함은 말로 다 할 수 없었다. 식민지 교육이 강요되는 분위기 속에서도 김마리아는 실력 있는 인재를 양성하는 것이 국권회복의 지름길이라고 믿고 후배 여성의 교육에 전념하였다. 그 뒤 1912년 가을, 1년간 일본에 유학할 수 있는 기회가 주어졌다.

김마리아는 히로시마廣島 고등여학교에 입학하여 처음으로 일본을 경험하게 되었다. 그는 이곳에서 1년 동안 영어와 일본어를 공부하였다. 유학생활을 마친 그는 모교의 교장 루이스Margo Lee Lewis 선교사의 부름을 받고 정신여학교 교단에서 후배들을 가르치게 되었다.

김마리아는 외국 유학을 다녀온 엘리트 교사로 많은 학생들이 따랐다. 특히 투철한 교육자 정신과 몸가짐 그리고 정성과 열의로 가득 찬 그의 풍부한 실력이 바탕이 된 교수법은 항상 신선함이 있었다. 김마리아와 동기 동창인 유각경은 당시 그의 교사생활을 다음 같이 회고하였다.

그분은 참으로 열심이었어요. 공부에도 생활에도 그처럼 열심일 수가 없었어요. 밤에도 잠을 자지 않고 기도실에서 들어가 조국의 장래를 위해 눈물 흘리는 것을 나는 몇 번이나 보았습니다. 나와 같이 있으면 항상 하는 얘기가 조국의 독립이었어요. 김마리아의 비분강개를 듣노라면 나도 가슴 속으로 뿜어 오르는 분노와 울분에 덩달아 울었지요.

02 동경 유학생으로 독립운동의 길로 내딛다

김마리아는 1915년 정신여학교 교장 루이스의 주선으로 동경 유학길에 올랐다. 루이스 교장은 1885년 미국 일리노이주 록 섬에서 태어났다. 1908년 미네소타대학교를 수석으로 졸업하고 마운트 홀요크대학에서 천문학과 관련된 일을 하였다. 1910년 8월 1일 우리나라에 선교사로 와서 1년 동안 선교사업을 하다가 1911년 정신여학교 교사로 부임했으며 1912년 교장에 취임하였다.

루이스는 아버지에게 한국의 여성교육을 위하여 경제적 후원을 해 줄 것을 요청하여 4천 달러가 넘는 거액을 송금 받았다. 그는 식민지 조선에서 가장 시급한 것이 여성지도자를 양성하는 것이라 생각한 것이다. 루이스의 아버지는 미국에서 명성 있는 변호사였기 때문에 생활이 넉넉한 편이었다. 딸이 결혼도 하지 않고 아시아의 작은 나라에서 기독교 정신으로 헌신하는 것을 매우 존중했던 까닭에 경제적 후원을 아끼지 않았다.

루이스는 깊은 신앙심과 명석한 두뇌, 그리고 투철한 조국애를 가진 김마리아를 한국의 여성지도자로 키우고자 하였다. 부임한 지 1년밖에 안되는 김마리아를 불러 일본 유학을 제의하였다. 이에 김마리아는 동경여자학원東京女子學院으로 유학을 떠나게 되었다.

동경여자학원은 기독교계 학교로 정신여학교와는 깊은 인연이 있었다. 이 학교에는 제1회 졸업생인 김필례 고모가 국비 유학생으로 이미 유학하고 있었다. 김마리아는 1915년 5월 동경여자학원 본과에 들어가 1916년 3월에 졸업한 뒤에 고등과 3년에 진학하여 1919년 3월에 졸업하였다.

김마리아가 동경여자학원에서 어떤 과목을 공부했고 성적은 어떠했는지는 그의 성적표에 잘 나타나 있다. 그는 수학과 역사 과목은 100점을 받았고 한문·물리·가사·지리·영어 등은 90점대였다. 다만 일어강독 75점, 일어작문과 문법은 87점이었다. 김마리아가 유학중에 가장 힘들어 했던 과목은 일본어 강독과 작문 등이었음을 알 수 있다.

그가 일본에 유학할 당시에는 조선인유학생학우회가 활동하고 있었다. 조선인유학생학우회는 재일 한국인 유학생의 학술 장려 및 친목 도모를 목적으로 조직된 대한흥학회大韓興學會가 1910년 강제 해산되자, 신익희申翼熙·안재홍安在鴻 등이 중심이 되어 1912년 10월 재조직되었다. 처음에는 유학생 친목단체로 발족했으나 뒤에 민족운동단체로 발전하였다. 조선인유학생학우회는 재일유학생의 중추기관으로 유학생들의 단결을 목적으로 결성되어, 모든 유학생은 이에 가입할 의무가 있었고

동경여학원 재학 당시 기념사진(둘째 줄 오른쪽에서 세 번째. 한복을 입은 이가 김마리아)

만약 학우회 회원과 교제가 없는 자는 '국적國賊' 또는 '일제日帝의 개'로 지탄을 받을 정도였다. 조선인유학생학우회는 정기총회·임시총회·웅변회·졸업생축하회·학생환영회·운동회 등을 개최하여 배일사상과 민족의식을 고취하는 한편, 1914년 4월 2일 기관지로 『학지광學之光』을 매호 600~1,000부를 발간하여 유학생뿐 아니라 국내외에도 배포하였다.

하지만 조선인유학생학우회는 봉건적 잔재인 남녀차별 의식을 극복하지 못한 채 남자들을 중심으로 운영되었다. 이에 재일본 조선인 여자유학생들은 별도로 동경여자유학생친목회를 결성하였다. 여자유학생 간의 친목 도모와 한국여성계의 광명이 되어 스웨덴의 여성해방론자 엘

렌 케이^{Ellen Key}와 같은 이상적 부인의 삶을 창조하는 것을 목적을 두었다. 1916년 봄, 회장인 김필례가 모교인 정신여학교의 교사로 임명되어 귀국하면서 김마리아가 임시회장이 되었다. 1917년 10월 17일 임시총회에서 회장 김마리아, 총무 나혜석羅惠錫, 서기 정자영, 부서기 김충의, 회계 현덕신이 선출되었다. 김마리아가 정식으로 회장에 선출되면서 친목회는 더욱 활기를 띠었다. 김마리아는 우선 동경에 친목회 본부로 두고 일본 각지에 지회를 두었다.

그리고 그는 잡지 『여자계女子界』를 동경여자유학생친목회의 기관지로 만들었다. 『여자계』는 1917년 봄 등사판으로 창간호가 발행되었고, 그 해 6월 말에는 활판 제2호가 간행되었다. 전체 여자유학생들로 범위를 확대시켜 회원이 40여 명으로 늘어났다. 기관지는 기획편집에 의한 청탁원고를 게재하였는데, 언론·수양·학예·가정·문예·전기 등으로 구성되었다. 『여자계』의 간행 비용은 본부·지회 회원들의 자발적인 기부금과 적립된 국내의 기부금으로 충당하도록 하여 회원들에게는 대금을 받지 않았다. 김마리아는 탁월한 지도력과 회원들 간의 강한 결속력으로 친목회를 친목도모 이상의 힘을 갖는 큰 조직체로 발전시켰다.

김마리아는 『여자계』의 편집사무를 활성화하고자 편집부를 강화하였다. 편집부장에 김덕성을 선임하고 편집부원으로 허영숙·황에스더黃愛施德·나혜석을 선발하였다. 『여자계』에 협조적이고 관심이 많은 전영택과 이광수를 고문으로 추대하여 편집 찬조로 선임하였다. 그런데 남자유학생들과의 유대를 강화를 위해 고문제도를 두었으나 별효과를 보지 못하자 1918년 9월 이를 폐지하고 독자적으로 활동하였다.

제1차 세계대전 이후 일본은 자유민주의의 사상과 언론의 자유가 확대 되면서 이른바 '다이쇼大正 데모크라시' 운동을 전개하고 있었다. 이 운동의 특징은 이념적으로는 민본주의를 내걸고, 운동목표는 세계대전 이후 세계의 변화에 대응하는 일본의 정치적·사회적 개조를 주장하였던 것이다. 이러한 분위기 속에 조선인 일본유학생들도 자연스럽게 세계정세를 접할 수 있었다. 특히 식민지배를 당하고 있던 약소민족을 독립시켜야 한다는 미국 대통령 윌슨의 민족자결론은 큰 반향을 일으켰다. 동경유학생들은 윌슨 대통령의 민족자결주의를 접하자 암흑에서 광명을 본 것과 같은 기쁨에 벅찼고 이때야 말로 조국광복의 기회라고 생각하였다. 유학생들은 일제의 압제로부터 벗어날 수 있다는 확신을 갖고 있었고, 김마리아 또한 절호의 기회라 여기고 비밀단체를 이용하여 독립운동에 이바지하기로 다짐하였다.

그런 가운데 코베神戶에서 발간되던 영자신문 『재팬 애드버타이져 The Japan Advertiser』 1918년 12월 15일자에 「한국인들 독립을 주장Koreans Agitate for Independence」과 18일자의 「약소민족들 발언권 인정을 주장Small Nations Ask To Be Recognized」이라는 기사가 실렸다. 위의 두 기사는 동경유학생들을 고무시켰고 독립운동을 조직화하는 계기가 되었다. 12월 15일자 『재팬 애드버타이져』지는 "미국에 있는 한국인들은 한국인들의 독립운동에 대한 미국의 원조를 요청하는 청원서를 미국 정부에 제출하였다"라고 보도하였으며, 18일자에는 뉴욕에서 열린 세계약소민족동맹

회의 제2차 연례총회가 파리강화회의에서 약소민족의 발언권을 신청하였으며, 국제연맹에서 민족자결주의 원칙의 완전한 인정과 한국을 비롯한 약소민족의 국제연맹의 정회원 가입권의 인정을 요구하였다는 사실을 보도하였다. 이 같은 내용의 기사를 본 유학생들은 지금이야 말로 독립운동을 일으킬 절호의 기회라고 입을 모았고 학생들은 독립에 대한 열기로 고무되었다. 일본 유학생들은 우리 민족 대표가 파리강화회의에 참석하는 것에 맞추어 민족 전체의 의사를 표시해야 할 전 민족적인 투쟁이 전개되어야 한다고 생각했다. 그리고 일본유학생들이 그 선봉이될 것을 주장하고 실천적 운동을 추진하였다.

1919년 1월 6일 조선인유학생학우회는 동경조선기독교청년회관에서 웅변대회를 개최했다. 이날 연사로 나온 학생들은 현재 조선독립운동에 가장 적당한 시기이며 해외동포들도 이미 각각 독립운동의 실행에 착수하고 있다며 우리도 마땅히 구체적인 운동을 시작해야 한다고 열변을 토했다. 이날 동경여자유학생친목회 회장 김마리아를 비롯하여 황에스더·노덕신盧德信·유영준劉英俊·박정자朴貞子·최청숙崔淸淑 등 6명의 여학생이 참석하고 30원의 운동비를 내놓았다.

학생들은 독립운동 방법을 둘러싸고 의견을 좁히지 못하고 임시실행위원을 선출하여 그들에게 일임하였다. 그런데 남학생들이 여학생들과 접선하려는 기미가 보이지 않자 황에스더가 분연히 자리에서 일어나, "여러분! 국가의 대사를 남자들만이 하겠다는 겁니까? 수레바퀴는 혼자서 달리지 못합니다"하고 항변하면서 여학생들도 2·8독립운동에 참여하게 되었다.

하지만 2·8독립운동은 최팔용·서춘·김도연·백관수·송계백·김성덕·최근우·이광수·김철수 등 11명의 임시실행위원에 의해 움직였고, 1919년 1월 7일 남자유학생을 중심으로 일제 경찰의 감시와 미행을 피하며 비밀리에 조선청년독립단이 조직되었다. 조선청년독립단은 독립선언서와 결의문 및 민족대회소집청원서를 작성하기로 결의하였다. 은밀한 회동을 거쳐 독립선언서와 결의문은 이광수가 작성하고 그것을 영문과 일문으로 각각 번역하여 일본의 조야와 외국공관에 발송하기로 결정하였다. 또한 각 대학에 있는 유학생들에게 연락하여 빠짐없이 거사에 참가시켜 동경 시내에서 태극기를 흔들며 만세시위를 펼치기로 계획하였다.

1919년 2월 8일 오전 10시경, 유학생들은 독립선언서와 결의문, 민족대회소집청원서를 각국 대사관과 공사관, 일본 국회의원, 조선총독부, 동경과 각 지역의 신문사와 잡지사, 학자들에게 우편으로 발송했다. 일본유학생들은 일제의 감시를 피하기 위해 모임의 명칭을 '동경유학생 임시총회'로 하였다. 동경조선기독교청년회관은 거사 시간인 오후 2시보다 1시간 전에 이미 초만원을 이루었다.

2·8독립선언을 하던 그 가지에는 남학생들만 있었던 것은 아니다. 이때 여학생으로는 친목회장인 김마리아를 비롯하여 황에스더·노덕신·유영준·박정자朴貞子·최제숙崔濟淑 등이 참여하였다. 마침내 최팔용과 윤창석의 사회로 독립선언식이 거행되었다. 긴장된 분위기에서 백관수가 독립선언서를 낭독하고, 김도연金度演이 등단하여 결의문을 낭독하였다. 2·8독립선언서에서 동경유학생들의 주장을 가장 분명하게 보여

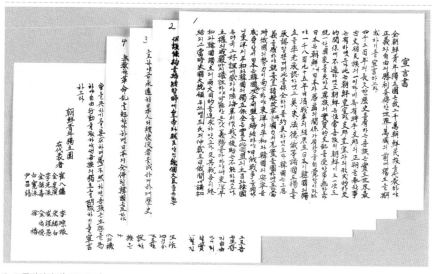

2·8 독립선언서(1919. 2. 8)

주는 선언서의 후미 내용을 살펴보면 다음과 같다.

최후 동양평화의 견지見地로 보건대 위협이던 아국俄國은 이미 군국주의적 야심을 포기하고 정의와 자유를 기초로 한 신국가의 건설에 종사하는 중이며, 중화민국도 역연亦然하며, 겸하여 차후 국제연맹이 실현되어, 다시 군국주의적 침략을 감행할 강국이 무無할 것이다. 그러할진대 한국을 합병한 최대 이유가 소멸되었을 뿐더러, 종차從此로 조선민족이 무수한 혁명란革命亂을 기起한다 하면, 일본에게 합병된 한국은 반하여, 동양평화를 교란케 하는 화원禍源이 될지라.

김도연이 결의문을 낭독하였다.

오족吾族은 정당한 방법으로 오족의 자유를 추구할지나, 만일 차此로써 성공치 못하면, 오족은 생존의 권리를 위하여, 온갖 자유행동을 취하여, 최후의 일인一人까지 자유를 위하는 열혈熱血을 유流할지니, 어찌 동양평화의 화원禍源이 아니리오. 오족은 일병一兵이 무無하니 오족은 병력으로써 일본에 저항할 실력이 무無하도다. 일본이 만일, 오족의 정당한 요구에 불응할진대, 오吾는 일본에 대하여, 영원의 혈전을 선宣하리라.

선언문을 낭독할 때 구절마다 우뢰와 같은 박수가 터져나왔으며 학생들은 비분이 충만하여 눈물을 흘렸다. 낭독이 끝나자 만장일치로 결의문이 채택되었다. 이어서 독립을 향한 열변과 끝까지 싸워서 독립을 쟁취해야만 한다는 유학생들의 외침이 들려왔다. 준비된 계획대로 태극기를 흔들며 동경시내를 행진하기로 하였으나 일본 경찰들이 회관을 완전 포위하고 말았다. 독립선언을 한 유학생들은 무장한 일본 경찰들에 적수공권으로 대항하였지만, 회관은 삽시간에 아수라장이 되면서 일본 경찰들에 의해 30여 명의 학생들이 피체되고 말았다.

2월 10일 실행위원 9명이 출판법 위반으로 동경지방재판소에 기소되어 금고 7개월 반에서 9개월의 판결을 받았다. 김마리아는 현장에서 체포되지 않았다. 그런데 선언서에 서명한 윤창석이 취조받는 과정에서 '동경여자유학생친목회'가 30원을 지원했다고 진술한 것이 빌미가 되어 김마리아는 동경 경시청에 연행되었다. 하지만 그는 여러 시간 취조를 받은 후 풀려났다.

김마리아가 직접 2·8독립운동에 참가한 사실에 대해 당시 같이 학교를 다녔던 일본인 동급생들도 잘 알고 있었다. 이 학교 졸업생들이 1951년에 편찬한 『여자학원80년사』라는 책에서, 김마리아에 대한 일본 동창생들의 인식과 이해를 엿볼 수 있다. 한 동급생인 야마타니山谷妙子는 "김마리아 씨는 조선독립의 정치운동에 관계되어 여자학원 재학 중 관헌에 체포되었고 …… 사형에 처해졌다고 들었습니다"라고 언급하고 있다. 물론, 김마리아는 재판을 받지도 않았고, 사형도 받지도 않았다. 그럼에도 불구하고, 동급생들 사이에서도 김마리아가 조국을 위해 투쟁했다는 사실이 생생하게 기억되고 있었다.

2·8독립선언 이후 김마리아는 하루 빨리 조국으로 돌아가 이 사실을 알리고 싶었다. 한 달 뒤면 졸업식이었지만 그것은 문제가 되지 않았다. 이 무렵 김마리아에게 루이스 교장으로부터 한 통의 편지가 날라왔다. 학교에 심각한 문제가 발생했으니, 하루 빨리 귀국하여 수습해 달라는 내용이었다.

1919년 1월에 광무황제가 붕어하고, 그의 죽음을 둘러싸고 온갖 소문이 무성했다. 특히, 일본인들이 독살했다는 설이 서울 장안에 파다하게 퍼졌다. 이에 정신여학교 학생들은 분한 마음과 원통함을 표현하고자 모두 흰옷에 검은 댕기를 착용하였다. 교사들은 일제가 이를 문제 삼아 학교에 해를 입히지는 않을까 우려하여 댕기를 풀라고 강요하였다. 하지만 학생들이 이를 거부하자 학교 측은 7명에 대해 정학 처분의 조치를 내렸다. 이 조치는 오히려 학생들을 자극하여 일주일 동안 동맹휴학으로 폭발하였다. 정신여학교 창립 이래 처음 겪는 일로 학교로서는 수습하기 어려운 위기에 빠졌던 것이다.

김마리아는 서둘러 귀국을 준비하였다. 그는 먼저 2·8독립선언서를 미농지에 베끼고, 일본 요코하마橫濱여자신학교에 유학하고 있는 정신여학교의 후배 차경신車敬信을 찾아가 같이 귀국하기로 하였다. 그는 귀국하기 전 황에스더와 남학생들과 더불어 귀국활동을 의논하기도 하였다.

2월 17일 아침, 동경유학생들의 귀국은 이미 감시 대상이 되어 있었다. 김마리아는 일본 여인으로 변장하고 일본 옷에 매는 커다란 허리띠 '오비おび' 속에 독립선언서를 숨겼다. 그는 당장 귀국 비용을 마련할 수 없어 일단 『여자계』의 간행비를 차입하였다. 김마리아는 차경신과 함께 귀국길에 올라 삼엄한 경계를 뚫고 무사히 부산에 도착하였다. 그들은 대구까지 동행하였다. 그 뒤 각기 연고지를 중심으로 활동하기로 하여 선천 출신인 차경신은 서북지방을 맡아 활동하도록 하고, 김마리아는 일단 전남 광주로 내려가고자 했다. 그런데 대구에서 뜻밖에도 고모 김순애와 고모부 서병호를 만났다. 이들은 상해에서 밀파되었는데 파리에서 활동하는 김규식에게 보낼 자금을 모집하고 국내 정세를 파악하는 임무를 띠고 있었다. 이들은 서로 격려하며 전남 광주로 갔다.

당시 광주에는 필례 고모, 그리고 언니 함라가 남궁혁南宮爀과 결혼하여 살고 있었다. 또한 광주는 김마리아가 정신여학교 졸업 후 처음으로 교사로 부임한 곳이기도 하다. 광주에 도착한 김마리아는 김필례 고모집을 찾아갔다. 김마리아는 일본에서 가져온 독립선언서를 고모

부의 병원인 서석의원瑞石醫院에서 수백 장을 복사한 뒤 서울을 향하여
출발하였다.

3·1운동과 김마리아

김마리아는 1919년 2월 21일 서울에 도착하였다. 먼저 그는 정신여학
교로 가서 루이스 교장을 만났다. 당시 학생들은 광무황제 국장을 당하
여 저고리 왼쪽 가슴에 검은 상장喪章을 달고 있었는데, 교장은 혹여 조
선총독부 학무국으로부터 책임 추궁을 받게 될까봐 걱정하고 있었다.
교장은 김마리아에게 학생들을 설득해 상장을 떼도록 종용했지만 그는
이에 동의하지 않았다. 오히려 김마리아는 교사 장선희張善禧 등과 함께
여성들이 궐기해야 한다고 주장하고 나섰다.

　2월 26일, 김마리아는 천도교 본부 및 보성사를 찾아가 동경에서 일
어난 일본 유학생들의 독립운동 소식을 전달하였다. 특히 그는 이종일李
鍾一을 만나 지금이 독립의 좋은 기회라며 본국에서도 거국적인 운동을
일으킬 것을 힘써 권하였다. 이때 그는 이종일에게서 만세시위를 계획
중이라는 소식을 전해 듣고는 이를 주도하는 천도교의 원대한 이념을
격려하며 기뻐했다.

　그 뒤 김마리아는 자신의 고향인 황해도로 내려갔다. 그곳 지인들에
게 독립의 때가 왔음을 알리고 동시에 운동자금을 마련하고자 했던 것
이다. 그는 신천에서 의형인 방합신方合信을 만나 함께 재령 등지에서 운
동자금을 마련하는 중 3·1운동이 일어났다. 이에 김마리아는 다시 서

울로 와서 이화학교 측 인사들과 손잡고 항일구국 여성단체를 조직하여, 남자들과 긴밀한 연관을 가지고 적극적인 여성독립운동을 전개하고자 계획하였다.

3월 2일 김마리아는 정동교회에서 나혜석을 만나 예배에 참석한 후 이화학당 교사 박인덕의 방으로 가서 3·1운동의 향후 대책에 대해 논의하였다. 김마리아는 일본에서 여자유학생친목회의 회장을 역임하고, 2·8독립선언에 참가했던 경력에 곧바로 여성지도자의 반열에 올랐다. 그리고 그는 3·1운동의 전면에 나서게 되었다. 이날 이화학당 기숙사의 박인덕의 방에서 김마리아를 비롯하여 황에스더(동경여학교 학생)·박인덕(이화학당 교사)·김하루닌(이화학당 교사)·손정순(이화학당 대학과 학생)·나혜석(동경여자미술학교 졸업생)·안숙자(육군 중위 염창섭 부인)·안병숙(예수중앙예배당 교사) 등 11명이 회합을 갖고 향후의 운동방향에 대해 의논하였다.

이 자리에서 김마리아는 "어제는 조선의 독립운동이 시작된 날입니다. 남학생들이 크게 운동하고 있는데 우리 여자들은 그대로 바라만 보고 있을 수 없습니다. 여학생들도 운동하지 않으면 안됩니다"며 3·1운동의 확산을 위해 여학생들이 적극 나서야한다고 주장하였다. 이에 모두들 찬동하고 부인단체를 조직하여 조선의 독립운동을 전개할 것, 남자단체와 여자단체와의 사이에 연락을 취할 것, 남자단체에서 활동할 수 없게 될 때는 여자단체가 그들을 대신하여 운동해야 한다는 등 세 개 항의 사항을 결의하였다.

김마리아·황애시덕·박인덕·나혜석은 이 조직의 간사가 되었다. 이후 박인덕은 정신학교를 비롯하여 경성부내 각 여학교학생을 권유·선동하고, 나혜석은 3월 3일 서울을 떠나, 경기도 개성 정화여숙장 이정자李正子, 평안남도 평양 정신여학교 교사 박충애朴忠愛 등을 방문하여 협의 내용을 알리고 그 찬동을 얻어 3월 5일에 귀경하였다.

3월 4일 간사 넷이 모이기로 했는데 지방에 간 나혜석을 제외한 세 명과 정신여학교와 진명여학교 학생 두 명이 회의에 참석했다. 이날 모임은 3월 5일 만세시위에 여학생들도 참여할 것인지를 두고 논의하는 자리였다. 황에스더는 남학생들은 만세를 부르며 운동하는데 여학생들만 공부하고 있는 것은 안되는 일이라며 동맹휴학을 하는 것이 마땅하다는 입장을 피력하였다. 반면에 김마리아는 독립을 위한 여자활동으로 단체조직의 중요성을 강조하면서 다소 의견 차이가 있었다. 당시 김마리아는 3월 5일에 나가서 만세 한 번 부른다고 독립되는 것이 아니므로 일제히 나가지 않아도 되나 만세 부르러 나가고 싶은 사람은 개별로 나가서 만세를 부르는 것이 좋겠다는 의견이었다. 그의 생각은 만세시위에 여학생들을 조직적으로 동원하지 말고 개별 행동을 취하도록 하자는 것이었다.

3월 5일 이화·진명·정신 등 시내 여학교 학생들의 시위가 조직적으로 전개되었다. 이에 남대문역에서 숭례문에 이르는 큰 시위가 발생하였다. 이날 오전 9시 역 광장에서 독립연설회가 개최되고, 태극기를 흔들면서 시위에 들어가 남대문 쪽으로 행진하였다. 학생 중에는 붉은 완장을 두르고 격문을 일반에게 배부하기도 했는데 많은 군중이 이에 가담하였다. 몇 차례 일본 군경의 저지선을 뚫고 시위운동을 전개하였다.

남대문역 광장뿐만 아니라 덕수궁 대한문 앞과 종로 등지에서도 남녀학생 및 일반 군중이 모여 시위하였다. 이때 모인 군중은 일제 측 기록에도 약 10,000명에 이른다고 하였다.

1919년 3월 6일 김마리아는 주동자로서 정신여학교에서 일본 경찰에 체포되었다. 그가 끌려간 곳은 지금의 필동에 있었던 조선총독부의 경무총감부였다. 당시 사람들은 이곳을 왜성대倭城臺라고 불렀다. 김마리아는 왜성대의 유치장에 갇혀 신문을 받았다. 형사들은 일본에서 귀국할 때, 동경유학생들로부터 독립운동에 관해서 부탁받은 사항에 대해 집중적으로 추궁했다. 김마리아는 사실대로 말하면 관련된 인사들이 대부분이 체포될 뿐만 아니라 이제 막 조직된 독립단체들이 붕괴될 수 있다고 여겨 일절 모른다고 답변하였다.

사실을 부인하면 할수록 김마리아는 일제로부터 심한 고문에 시달려야만 했다. 신문이라고 하지만 고문이나 다름이 없었다. 대나무 봉, 고무호스, 가죽채찍 등 닥치는 대로 마구 때렸다. 심지어는 옷을 벗기고 천장에 손발을 묶어 매달고 팽이 돌리듯이 돌렸다. 수치심을 주어 자백을 받고자 가슴 등을 만지는 성희롱도 서슴지 않았다. 그 중에서도 가장 견디기 힘든 것은 대나무 봉으로 머리를 때리는 것이었다. 똑같은 간격으로 기술적으로 피가 나지 않게 계속 집중적으로 머리를 계속 때리는 것이었다. 이로 인하여 김마리아는 고문 후유증으로 코와 귀에 고름이 잡히는 메스토이병에 걸려 평생을 심한 두통과 신경쇠약증 등으로 고생했다.

얼마나 가혹한 고문을 가했는지 김마리아도 거짓으로 자백할 수밖에 없었다. 당시 상황을 잘 보여주는 2차 신문조서 내용을 참고하면 다음과 같다.

"그때 그대가 귀국하는 것이 좋은 기회이므로 동경에 있는 학생과 조선에 있는 학생 사이에 연락이 통하도록 해 달라고 부탁을 받았다는데, 어떠한가?"

"그런 것은 아니었으나, 형사가 너무 고문하여 견디지 못하고 거짓말을 하였던 것이다."

"그러나 경부警部가 그런 취조는 하지 않았을 것인데?"

"한 번 말한 것이기 때문에 할 수 없을 것이라 생각하여 형사에게 말한 그대로 진술했다."

김마리아는 검사의 신문과 형사들의 심한 고문에 견디지 못하고 거짓말했다고 답변했다. 왜성대에서 약 일주일 동안 받은 고문으로 그의 몸과 마음은 만신창이가 되었다. 얼마나 고문이 심하였던지 검사국으로 호송될 수 없을 만큼 중태에 빠져 있었다. 그리하여 조선총독부 경성지방법원 검사국에서는 야마자와山澤佐一郎와 가와무라河村靜水 검사 등을 파견하여 신문하였다. 예심에 회부된 인원이 김마리아를 포함하여 45명이나 되었기 때문이다. 김마리아는 3월 14일과 3월 18일 두 차례에 걸쳐 출장나온 검사에게 신문을 받았다.

서대문감옥 수감생활

김마리아는 경무총감부에서 온갖 고문과 신문을 받은 지 약 20일쯤 지

나 서대문감옥으로 넘겨졌다. 죄수번호가 달린 수의囚衣를 입고, 서대문
감옥 5호 독방에 수감되었다. 7호 감방에는 개성의 만세시위를 이끈 어
윤희魚允姬와 신관빈·권애라·심명철과 수원 기생으로 만세를 불렀던 김
향화, 천안 아오내 만세 주동자인 유관순 등이 있었다. 또한 황에스더는
3월 19일 피체되어 20일, 21일 두 번에 걸친 신문을 받고 서대문감옥
에 수감되었는데 공교롭게도 이전에 피체된 나혜석과 같은 감방이었다.
박인덕은 3월 10일 피체되어 3월 14일, 18일 신문을 받고 서대문감옥
6호 감방에 독방생활을 하였다.

감방은 사방 6자에 천장 높이가 9자 정도의 작은 방이었다. 천장 바
로 밑에 높다랗게 작은 미닫이 창문이 한 개 있는데, 여러 개의 창살과
무거운 칸막이로 이중 창살을 했다. 감방과 감방 사이의 천장 모퉁이에
는 4촉짜리 희미한 전등불이 걸려 있고 감방 한쪽 귀퉁이에는 변기가
놓여 있고 국자같이 생긴 변기 오물을 푸는 것이 들어 있는 빈 나무통과
빈대와 이가 우글거리는 푸른색의 더러운 모포가 놓여 있었다. 무거운
나무문에는 구멍이 세 개 있었다. 눈높이 정도에 큰 구멍은 감옥을 들여
다보기 위해 만들어진 것이고, 문 한가운데 발바닥 크기의 구멍은 음식
을 넣어주기 위한 것이며, 문 아래쪽에는 주로 닫혀 있는 환기 구멍이
나 있었다.

서대문감옥 5호 독방에 들어선 김마리아는 동지들의 소식이 너무도
궁금하였다. 고문으로 몸과 마음이 상했지만, 정신을 차려 천장쪽 쇠창
살 쳐진 창문쪽을 향하여 기침을 하면서 자신의 존재를 알렸다. 그런 다
음 간수의 눈치를 살피며 변기통에 올라가 발뒤꿈치를 들고 작은 목소

리로 옆방을 향해 말을 건넸다.

"조심해서 들으세요! 저는 김마리아예요. 당신은 누구세요?"

한데 뜻밖의 대답이 돌아왔다.

"저는 박인덕이에요."

순간 김마리아는 너무나 놀랐다. 옆방에 동지가 있음을 안 김마리아는 너무나 반가웠고 기뻤다. 그러나 벽이 가로막혀서 서로의 의사를 충분하게 전할 수 없었다. 그래서 김마리아는 벽을 노크하는 등의 여러 방법으로 의사를 소통하자고 제안했다. 이른바 '통방'을 하자는 것이다. 당시 서대문감옥에서 수많은 애국지사들이 갇혀 있었다. 이들을 서로의 정보교환을 위해 다양한 방법으로 이와 같은 '통방'을 하였던 것이다. 김마리아와 박인덕은 한 번 노크는 '안녕하십니까?'이고 두 번 노크는 '좋은 뉴스', 세 번 노크는 '변기통 위에 올라서서 이야기합시다.'로 정하였다. 독방에 갇힌 채 외롭고 고통스러운 감방생활을 하던 이들에게 통방은 서로 격려와 위로를 줄 수 있었다.

하지만 감옥소 내의 '통방'은 엄격히 금지되어 있었다. 비가 오는 어느 날, 김마리아는 옆방을 향해 세 번 노크를 했다. 두 사람은 동시에 변기통에 올라가 대화를 시작하려는 순간 간수에게 들키고 말았다. 두 사람은 간수들에게 곧바로 끌려나와 서로 뚝 떨어진 감방에 갇히게 되었고, 온종일 음식과 물을 주지 않았다. 감옥에서의 규율을 지키지 않았다는 이유로 가혹한 형벌을 받은 것이다.

감옥의 일상은 참으로 비참하였다. 식사는 아침과 점심으로 작은 주먹만한 콩밥이 나왔는데 모레가 씹혔다. 국은 배추 몇 조각이 있는 소금국이었다. 저녁에는 짜게 저린 가느다란 생선이 나왔다. 한 여름 더위에 목이 타는 듯해도 마실 물을 제대로 주지 않아 목마름을 참는 고통은 이루 다 표현하기가 어려웠다. 변기는 이틀에 한 번 비우는데 다시 들여놓을 때는 역겨운 냄새로 구토가 날 정도였다. 그나마 세브란스의전 교수 스코필드 등 뜻 있는 인사들이 사식을 넣어주고, 면회를 와 준 것이 위안이 되었다. 이러한 감옥생활을 경험할수록 김마리아는 나라 없는 고통이 얼마나 큰 것이지 뼈저리게 느꼈고, 반드시 조국을 찾고야 말겠다는 굳은 결의를 다지곤 했다.

그러던 7월 무더운 여름 어느날 전옥典獄이 김마리아에게 용수를 씌워 법정으로 끌고 갔다. 판사는 개개인을 향하여 다시는 독립운동을 하지 말고 충성스러운 일본의 신민臣民이 되라고 회유하였다. 김마리아는 아무 말도 하지 않았고, 간수의 감시 아래 다시 서대문감옥으로 돌아왔다.

7월 24일 다시 법정에 끌려가서 석방 판결을 받았다. 법정을 나와 감옥으로 돌아가는 검은 수송차에 올랐는데, 뜻밖에 박인덕, 황에스더, 신준려 등이 타고 있었다. 네 사람은 서대문감옥에 도착하자 차에서 내리면서 모두 함께 "우리는 석방이다"라고 외쳤다. 오전 11시 공포의 서대문감옥 철문이 열렸다. 철문을 나오니 빌링스 박사 내외가 이들의 맞이하였다.

공식적으로는 1919년 8월 4일 경성지방법원 예심계 판사 나가지마永島雄藏에 의하여 김마리아를 포함해 45명의 예심종결결정이 내려져 면소방면 결정이 났다. 즉 김마리아는 독립을 목적으로 하는 여러 인쇄물을 작성하고 배포하여 치안을 방해했다고 하여 '출판법 및 보안법 위반'의 죄명으로 체포·구금되었는데, 재판부는 치안 방해 사실은 인정되나 충분히 증빙할 수가 없어 형사소송법 제165조 1호에 의하여 면소 방면한다는 것이다.

여기에 김마리아의 2차 신문조서 전문을 소개한다. 이를 통하여 김마리아가 체포되기 전까지의 일본과 국내에서의 활동상황, 그의 독립방략과 정신을 이해할 수 있을 것이다. 아래의 장황하게 인용한 내용은 물론 일제 검사로부터 신문을 받는 상황이기 때문에 사실을 최대한 은폐시키려는 의도가 있었다. 그렇기 때문에 그의 생각이 정확하게 드러나지 않는 한계가 있음은 분명하다. 그럼에도 불구하고 그의 행적의 일부나마 볼 수 있기 때문에 인용한다.

"성명을 말하라."

"김마리아."

"그대는 동경여자학원의 학생인가?"

"그렇소."

"동경을 떠나 서울에 온 것은 언제인가?"

"2월 21일."

"무슨 일로 왔는가."

"정신여학교 교장이 돌아오라고 편지를 보냈기 때문이다. 그 속에는 학교가 복잡하여 내년 졸업까지는 기다릴 수 없으니 빨리 돌아오라고 쓰여 있었으므로 미타니 타미고三谷民子 선생에게 그 편지를 보였더니 귀국하는 것이 좋을 것 같다고 하여 17일에 동경을 출발, 광주의 언니에게 잠시 들렀다가 2월 21일에 서울에 도착했다."

"그대는 정신여학교에서 유학시켜 주고 있는가?"

"아니다. 미스 루이스가 학교에 보내주었다."

"동경에는 언제 갔는가?"

"1915년 4월부터였다."

"돌아와서 미스 루이스를 찾아보고 어떤 이야기를 하였는가?"

"이태왕李太王[고종황제]이 훙거하셔서 학생들이 상장을 달았는데, 조선인 선생이 총독부의 통지가 있을 때까지 그대로 있는 것이 좋겠다고 했기 때문에 학생들이 반감을 가졌다. 그것이 도화선이 되어 학교에는 나쁜 선생뿐이라 곤란하다고 하여 담판을 신청하여 곤경에 처해 있다고 하면서 아무쪼록 나에게 학생들을 설유하여 학생들이 진정하도록 해 달라고 하였다."

"그대는 서울에서 나혜석이나 박인덕 등과 조선독립운동에 관하여 협의했다는데, 어떠한가?"

"3월 2일 정동교회에 가서 동경에 있던 나혜석을 만났는데, 그가 이화학당에 간다고 하기에 아무것도 모르고 함께 어느 방에 갔더니 10명쯤의 사람이 모여 있었다. 그 날 모여야 할 사람이 전부 오지 않았기 때문에 상의할 수가 없다고 하였고, 한낮이 되었으므로 돌아왔다. 그때 언제 모이느냐고 물었더니 4일에 모이자고 하였다."

"그날 모였는가?"

"오후 4시경 이화학당 어느 기숙사에 있는 사람에게 갔더니 이미 아침부터 모여서 의논을 정했다는 것으로 그것은 동맹휴학과 다음 날 5일에 남학생들의 독립운동에 참가하느냐 하지 않느냐에 대해서 그 중 휴교쪽은 정했으나 5일에 참가하는 것은 아직 정하지 않았다는 것이었는데, 나는 5일에 나가서 한 번 만세를 불러도 독립이 되는 것은 아니므로 나가지 않는 것이 좋겠다고 말했으나 만약 나가고 싶은 사람은 나가도록 해서 각각 별개의 행동으로 나가는 것이 좋겠다고 하여 그렇게 하도록 되었다. 그때 정신여학교에서 2인과 진명여학교에서 2인이 참가하였으나 이름은 모른다. 그리고 나혜석은 오지 않았다."

"2일과 4일에 박인덕이 있었던 것은 틀림없는가?"

"틀림없다."

"2일에 나혜석과 이화학당에 갔을 때 무엇하러 간다고 생각했었는가?"

"독립운동에 관한 상의일 것이라고 생각했었다. 그러나 갈 때까지 아무 말도 하지 않았다."

"4일의 결의 사항 중 5일의 남학생의 독립운동에 참가하는 일은 각자의 자유대로 한다는 것은 그날 참가한 사람이 다른 학생들에게 통지하기로 되었는가?"

"아마 그랬을 것으로 생각되지만, 직접 관계하고 있지 않았으므로 모르겠다."

"그날 이화학당 쪽에서는 박인덕 외에 몇 사람쯤이 출석했는가?"

"잘 모르겠으나 3인쯤은 있었던 것으로 생각된다."

"정신여학교 쪽에서 나온 자는 이성광과 최계복이었다는데, 어떠한가?"

"그렇다. 그 중에서 이성광은 내가 이전에 가르친 일이 있었고, 최계복은 그날 인사했다."

"그대는 동경의 경시청에 구인되었던 일이 있는가?"

"2월 8일에 끌려갔다."

"왜 끌려갔었는가?"

"동경에 있는 조선여자로 조직된 친목회의 회장을 내가 하고 있었기 때문인데, 이번 동경에서 독립운동을 기도하고 선언서에 서명한 사람 가운데 윤창석이 동경에 있는 조선여자로부터 돈 30원을 받았다고 진술하고 나에게 물어보면 알 것이라고 하여 취조를 받았던 것이다."

"동경의 독립운동이 시작된 것은 언제인가?"

"금년 1월 6일에 시작되었는데, 간다神田의 조선청년회관에 갔던 것이다."

"그때 여자는 몇 명이나 갔었는가?"

"모두 여자학교의 학생으로 5~6명쯤 모였었다."

"그자들의 성명은 무엇인가?"

"황에스더, 노덕신, 유영준, 박정자, 최정숙뿐이었다. 그리고 그날은 웅변회가 있다고 해서 갔었는데, 뒤에 독립운동회의가 되었다."

"앞에서 말한 운동비는 누가 제공했는가?"

"유영준이었다."

"그때 황에스더의 동생 황신덕은 오지 않았는가?"

"오지 않았다."

"그대가 동경을 출발하여 서울로 돌아올 때 동경의 조선인들에게서 동경의 독립운동 상황을 조선에 돌아가거든 전해달라는 부탁을 받았다는데, 어떠한가?"

"그런 것은 아니었다. 조선독립운동의 상황을 동경에 알려달라는 부탁이었다. 그것은 황에스더에게서 2월 15일에 부탁을 받았다. 그때 남학생들을 만나서 상의해 달라는 부탁을 받았으나, 내가 남학생과 만날 기회가 없다고 했더니 그가 남학생과 만나고 왔는데, 그렇게 나에게 부탁해 달라고 했다고 17일 내 숙소로 찾아와서 말했던 것이다."

"황에스더와 남학생 사이에서 어떤 말이 있었는지는 모르는가?"

"모른다."

"15일 황에스더를 방문했을 때 모인 자들은 누구였는가?"

"황에스더 자매와 노덕신 3인뿐이었다."

"그때 그대가 귀국하는 것이 좋은 기회이므로 동경에 있는 학생과 조선에 있는 학생 사이에 연락이 통하도록 해 달라고 부탁을 받았다는데?"

"그런 것은 아니었으나, 형사가 너무 고문하였으므로 견디지 못하여 거짓말을 하였다."

"그러나 경부警部가 그런 취조는 하지 않았을 것인데?"

"한 번 말한 것이기 때문에 할 수 없을 것이라 생각하여 형사에게 말한 그대로 진술했던 것이다."

"17일 아침 그대가 동경을 출발할 때 황에스더는 그대를 방문하여 무엇인가 부탁을 했을 터인데?"

"그때는 아무런 부탁도 없었다. 다만 앞에서 말한 대로 조선의 상황을 알려 달라고 부탁했을 뿐이다."

"조선의 상황이란 어떤 것을 알리는 것인가?"

"구체적으로 듣지 못했으나 다만 조선에서의 독립에 관한 운동상황, 즉 조선인 사이의 감상을 알려주면 되지 않을까 생각하고 있었는데 남학생들도 이미 귀국해 있고 해서 그쪽에서 통지하고 있다면 내가 통지할 필요가 없다고 생각하여 그대로 내버려두고 있었다."

"그러나 그대는 경성에 들어오는 도중에 광주의 형부인 남궁혁南宮赫에게 동경의 독립운동에 관한 사정을 말하지 않았는가?"

"그때 언니가 나를 찾아왔기에 독립에 관한 상담 자리에서 한 번 나갔었다고 했더니 언니가 교사이므로 유학중인 사람이 정치적 운동에는 관계하지 않는 것이 좋겠다고 주의를 주었을 뿐이었다."

"그리고 그대는 정신여학교의 사감 김영순과 황해도 신천에서 사는 의형 방합신方合信에게도 동경의 독립운동에 관한 상황을 말했던 것이 아닌가?"

"김영순은 아직 어리므로 어떤 말을 해도 모를 터이고 방합신에게는 조금 말을 시작했을 뿐, 곧 그만두었다."

"3월 3일 그대를 황에스더가 정신여학교로 찾아왔었다고 하는데?"

"그렇다."

"왜 찾아왔었는가?"

"동경에 유학하는 여학생 대표로 국장國葬에 왔으나 혼자 가기는 어려우니 정신여학교의 동료로 끼워 달라고 들렀던 것이다."

"그때 그는 조선인의 독립운동에 관한 소감은 어떠하냐고 묻지 않았는가?"

"이미 그는 3월 1일의 소요를 보고 있었으므로 특별히 묻지 않았다."

"그때 동경 및 조선 사이의 연락을 취하는 등의 이야기는 하지 않았
는가?"

"아무런 말도 하지 않았다. 나는 동경에서 돌아온 뒤 2~3인에게 말
했으나 실패하였으므로 더는 아무 말도 하지 않았다."

"황에스더는 현재 어디에 있는가?"

"평양 광해여원廣海女院으로 돌아간다고 했는데, 전혀 모르겠다."

"나혜석의 진술에 의하면 3월 2일에 그대의 권유로 이화학당에 갔
던 바, 그곳에서 황에스더, 박인덕, 손정순, 안병숙, 김하르논 기타 수명
이 모여 있었는데 그때 그대가 첫 번째로 어제는 조선의 독립운동이 시
작되어 남학생들은 크게 운동하고 있으므로 그대로 있을 수 없으니 학
생들도 운동하지 않으면 안된다고 했으며, 황에스더가 곧 찬성했다는데
어떠한가?"

"결코 그러한 일은 없었다."

"그때 첫째로 부인단체를 만들어 독립운동을 하고, 둘째로는 여자단
과 남자단 사이에 연락을 취할 것, 셋째로는 남자단체에서 활동할 수 없
을 때는 여자단체가 그것을 대신하여 운동할 것을 결의했다는데 어떠한
가?"

"그런 말은 있었으나 미결 사항이었으므로 앞서 진술하지 않았다."

"그대는 나혜석의 비용에 관한 질문에 대하여 비용은 광주에 가면 될
것이라고 말했다는데 어떠한가?"

"그러한 일은 없었다."

"그대는 이 단체는 영구히 존속시켜야 할 것이므로 회장, 회계를 뽑아야 한다고 했다는데?"

"그것은 황에스더가 말했으나 다만 협의만 했을 뿐 결의는 하지 않았다."

"그때 기금에 대하여는 각자 관계자로부터 출금케 하기 위하여 나혜석은 개성과 평양 방면으로 갔다는데 어떠한가?"

"그러한 것은 모른다."

"그대가 잡힌 것은 언제인가?"

"이 달 6일이었다."

"그대는 언제 예수교에 들어갔는가?"

"11년 전으로 미스터 밀러의 세례를 받았다."

"피고는 총독 정치에 대하여 어떤 감상을 가지고 있는가?"

"총독 정치에 관해서는 아무런 감상도 없으나 교육상의 일에 대해서는 불만인 점이 있다."

대한민국애국부인회의 조직과 활동 03

대한민국애국부인회의 회장에 선출

김마리아가 서대문감옥에 있는 동안, 1919년 4월 중국 상해에 대한민국임시정부가 수립되었다. 국내외 독립운동계는 임시정부를 지원하기 위해 여러 방면에서 각종 단체를 만들고 적극적으로 활동하였다. 여성들도 임시정부를 지원하는 항일운동에 동참하였다. 이때 국내에서 활동한 대표적인 여성단체로는 '혈성단애국부인회血誠團愛國婦人會'가 있었다.

혈성단애국부인회는 1919년 3·1운동 직후 장로교 계통의 여학교인 정신여학교의 교사 장선희, 재령 명신여학교 교사 오현주, 군산 멤볼딘여학교 교사 오현관, 세브란스병원 간호사 이정숙, 정신여학교 졸업반 이성완 등이 주도해서 만든 단체였다. 이들은 3·1운동에 직·간접적으로 참여했던 여성들로서 만세시위운동 등으로 투옥된 독립운동가들의 옥바라지와 함께 그 가족들을 돌보았으며 임시정부를 위한 모금활동을 펼쳤다. 이들은 활동 자금을 모으기 위해 회원들에게 매월 1원 이상의 회비를 납부하게 했고, 참기름과 생활일용품 등을 팔았다. 회원수가 늘면서 지회 설립과 더불어 본격적인 항일여성운동 조직으로 발전하는 계기가 되었다. 처음에는 단체의 명칭조차 없었으나 점차 '혈성단', '혈성부인회' 등으로 불리게 되었다.

한편, 임시정부 역시 국내에 비밀요원을 파견하여 활동하자면 숙식문제 등 임무수행을 위한 부인들의 협조가 절대적으로 필요했기 때문에 여성단체를 조직하고자 했다. 혈성단애국부인회의 존재를 알지 못했던 임시정부는 임창준林昌俊에게 국내의 애국부인회를 조직토록 했다. 임창준은 1900년 평양 출신으로 배재고보 4학년 재학 중 3·1운동에 적극 참여하였고 당시 임시정부 상해통신원으로 활동하고 있었다.

이리하여 임창준은 대한청년외교단大韓靑年外交團 총무 이병철李秉澈과 함께 부인회의 조직과 활동에 관계하였다. 대한청년외교단은 1919년 4월경 이병철·조용주趙鏞周·연병호延秉昊·송세호宋世浩·안재홍安在鴻 등이 대한민국임시정부를 지지하기 위해 경성부 원은동 등지에서 수차례 회합을 가진 뒤 결성된 단체이다. 이 단체는 상해 임시정부에 국내 상황 통보, 독립운동자금 모집·전달, 각종 인쇄물 작성·반포, 독립의 여론을 조성 등을 목적을 두었다. 조용주는 조소앙의 동생으로 1913년 중국으로 망명한 이래 독립운동에 투신하였다. 조소앙이 외교활동을 위해 유럽으로 출발하자, 조용구는 청년을 중심한 외교후원단체를 조직하기 위해 국내로 들어왔다.

그리하여 연병호·안재홍·송세호·이병철 등과 이 단체를 결성하였다. 서울에 중앙부를 두고, 국내와 상하이 등지에 지부를 두었다. 중앙부의 편제는 총무 중심체제로 운영되었으며, 외교부·재무부·편집부·외교원·외교특파원 등의 부서를 두었다. 안재홍·이병철이 총무를 맡았다. 강령·규칙 등의 작성은 안재홍이 맡고, 자금과 조직은 이병철이 맡았다. 국내의 지부조직은 회령·충주·대전 등지에 설치되었으며, 상해上海지부도 설치하였다. 상해지부는 송세호가 맡아 국내에서 파견된 외교원 및 단원을 중심으로 운영되었으며, 임시정부와 밀접한 관계를 맺었다.

특히, 대한청년외교단은 대한민국애국부인회와도 연계를 맺고 활동하였는데, 1919년 4월 중순경, 임창준·이병철은 경성여고보 출신의 최숙자崔淑子, 김원경金元慶, 김희열金熙烈 등의 주도하에 60여 명의 회원으로 '대조선독립애국부인회大朝鮮獨立愛國婦人會'를 조직하였고, 이병철이 고문으로 추대되었다. 이 단체는 혈성부인회와는 달리 독립운동 자금을 모금하기 위해 결성되었는데, 이를 위해 자수품을 만들어 판매하는 등 다양한 방법도 동원하였다.

그 뒤 1919년 6월경 혈성단애국부인회의 존재를 알게 된 임시정부의 권유로 두 부인회는 통합과 동시에 조직체계를 확대, 개편하고 양측에서 임원을 각각 선출하였다. 총재에 오현관, 부총재 김희열, 재무부장 오현관, 재무주임 오현주, 회장 오현주(?), 부회장 최숙자, 평의원 이정숙, 서기 김희옥, 외교원 장선희, 회원대표 김원경 그리고 고문으로 이병철 등을 선정하였다. 통합 후 대조선독립애국부인회 단체명을 그대로 사용하기로 하고 회장 오현주는 이병철이 임창준에게 받아 보관하고 있던 단체 인장印章을 건네받았다. 그런데 임시정부가 오현주 회장에게 보낸 감사장에 '대한민국애국부인회 회장'이라 씌어 있자, 부인회 명칭을 '대한민국애국부인회'라 고치고 '대한민국애국부인회중앙부지인의 인장과 '애성愛成'이라 새긴 계인契印도 새로 만들었다.

이들은 지부 설치를 위해 지방을 순회하였다. 이에 외교원 장선희는 그 해 7월부터 전국의 도·부·군 등을 돌면서 지부장을 물색한 후 본부에 추천하고 신임장을 교부하였다. 그 결과 지부와 지역장은 16곳 16명으로 늘어났다. 이를 살펴보면, 경성 이정숙·홍수원·정근신, 재령 김성모, 진남포 최매지, 평양 변숙경, 대구 유인경, 영천 김삼애, 부산 백신영, 경상남도 김필애, 진주 박보염, 청주 이순길, 전주 유보경, 군산 이마리아, 원산 이혜경, 성진 신애균, 함흥 한일호 등이었다.

전국에 걸쳐 지부를 설치한 대한민국애국부인회는 독립자금을 모금하여 상해임시정부로 송금하는 것을 주된 활동으로 삼았다. 이에 재무부장과 재무주임을 둘만큼 재무부의 역할을 중시하였다. 그런데 회장 오현주의 활동 부진으로 점차 세력이 약화되었다. 대한민국애국부인회가 3개월간 납부한 회비가 747원이었고 임시정부에 송금한 군자금은 300원에 불과했다. 당시 쌀 상품 1석 값이 45원이었으므로 정미 7석 정도였다. 이렇듯 대한민국애국부인회의 활동은 상당히 저조했다.

당시 상해임시정부가 수립되고 국내외에서 독립운동이 활발하게 전개되자 독립운동가들 가운데는 곧 독립이 이루어질 것이라 믿는 사람들도 적지 않았다. 그런데 예상과 달리 독립이 요원해 보이자 독립운동대열에서 이탈하는 사람들이 발생했다. 이병철과 오현주도 그런 부류의 사람들이었다.

이병철은 조선의 독립이 불가능한 것으로 생각하여 회장 오현주로부터 대한민국애국부인회 인장을 회수하였고, 오현주는 남편 강낙원姜樂園이 독립운동에서 빨리 손을 떼고 다시 관여하지 말라는 종용에 대한민국애국부인회에서 손을 떼게 되었다. 강낙원은 3·1 운동에 가담 후 상해로 건너가 임시정부에서 활동했는데 독립운동과 군자금 모집에 회의를 느끼고 귀국한 뒤에 오현주에게 그 단체의 활동을 그만두도록 한 것이다. 이처럼 대한민국애국부인회 고문과 회장 자신이 이미 독립 달성에 대한 자신감을 상실하고 있었기 때문에 대한민국애국부인회의 활동은 침체에 빠질 수밖에 없었다.

대한민국애국부인회가 비밀리에 활동하고 있을 당시, 김마리아는 1919년 7월 24일, 서대문감옥에서 출감한 뒤에 세브란스병원에 입원하였다. 신문당할 때 받은 고문으로 몸이 많이 상했기 때문이다. 담당의사와 간호사들의 정성어린 보살핌과 문병객들의 위로와 격려로 차츰 건강이 회복되자, 그는 주변의 만류에도 불구하고 퇴원을 서둘렀다.

김마리아가 정신여학교로 돌아오자 교장 대리 천미례千美禮, Lillian Dean Miller 선교사가 그를 위로하며 따뜻하게 맞이해 주었다. 그는 자신의 집 2층 방에 김마리아의 거처를 마련해주고 생활가재도 손수 구해다 주었다. 안정을 되찾은 김마리아는 교단에 서서 학생들을 가르치고 있었는데, 9월경 대한민국애국부인회에 관여하고 있던 동창과 후배들이 그를 찾아왔다. 김마리아는 정신여학교 동창이며 혈성단부인회 조직 당시부터 적극적으로 활동한 장선희 등으로부터 그간 상황을 전해 듣고는 가만히 있을 수 없었다.

서대문감옥에서 출감 후 김마리아
(1919년 7월)

천미례 선교사

김마리아는 곧바로 오현주를 만났다. 그는 대한민국애국부인회 활동이 매우 부진한 상황을 확인한 뒤에, 운동방침을 협의하기 위해 오현주에게 자신의 집에서 임원 및 지부장들과 회의를 요청하였다. 오현주는 김마리아에게 모든 것을 떠넘길 기회라 여겼다.

1919년 9월 19일, 이정숙·정희선·백신영·이혜경 등 임원과 지부장 16명이 정신여학교 김마리아의 숙소에 모였다. 김마리아와 황에스더의 출옥을 위로하고, 축하하는 다과회 명분이었지만, 대한민국애국부인회 문제를 논의하는 자리였다. 이들은 오전 10시부터 오후 5시까지 장장 7시간에 걸친 비밀회의를 가졌다. 이 자리에서 김마리아는 엄숙하고도 비장한 목소리로 다음과 같이 말하였다.

"우리 부녀들도 남자들처럼 혁혁한 독립운동을 해야 합니다. 들으니 그동안 다행하게도 오현주가 회장으로서 부인회를 조직하여 독립을 위해 진력해 주었습니다. 그런데 동회는 조선의 일부 사람을 회원으로 했음에 불과하였습니다. 이번에 조선 각도에 지부를 설치하고 널리 회원을 모집하여, 전국 부녀들이 독립을 위해 진력함이 어떠합니까."

참석한 동지들은 가슴속에서 뭔가 뜨거운 것이 솟구치고 있음을 느겠다. 조국의 독립을 위하여 기꺼이 헌신하겠다는 각오를 가진 동지들은 김마리아의 뜻에 적극 찬동하였다. 김마리아는 기존 조직을 활용하되 좀 더 새로운 운동을 전개하려면 새 운동에 맞는 조직을 다시 만들어야 한다고 생각하였다. 이때 오현주가 회장직을 사임하겠다는 뜻을 강력하게 표명하여 새로 임원을 선출하게 되었고, 김마리아가 압도적인 지지로 회장에 선출되었다. 그날 선임된 임원은 다음과 같다.

정신여학교에서 교편을 잡고 대한애국부인회를 조직할 당시 김마리아 (1919년 8월경)

회장 : 김마리아	부회장 : 이혜경
총무 및 편집부장 : 황에스더	서기 : 신의경 · 김영순
재무부장 : 장선희	교제부장 : 오현주
적십자부장 : 이정숙 · 윤진수	결사부장 : 백신영 · 이성완

대한민국애국부인회의 활동 목적, 취지서, 각 임원의 임무, 본부 및 지부 규칙 등은 김마리아 · 이혜경 · 황에스더 등이 맡기로 하였다. 이들은 2~3일 동안 김마리아 숙소에서 본부와 지부의 규칙을 작성하였는데 취지서는 회장 김마리아가 혼자 작성하였다. 김마리아는 취지서 원고를 서기 김영순에게 넘겨주면서 본부 규칙 15매, 지부 규칙 20매, 취지서 20매를 인쇄, 보관하도록 하였다.

또한 회의에서는 결사부 설치를 의결하고 각 도 및 주요 도시에 지부

대한민국애국부인회 임원들. ① 김영순, ② 황에스더, ③ 이혜경, ④ 신의경, ⑤ 장선희, ⑥ 이정숙, ⑦ 백신영, ⑧ 김마리아, ⑨ 유인경

를 설치하기로 의결하였다. 각 도의 지부장은 막중한 직책이므로 신임장을 비단에 써서 보내기로 하고, 비밀활동을 위해 회원임을 증명하는 증표도 만들었다. 증표는 기존 '애성愛成'이라는 계인을 비단에 찍어 만들기로 하고, 대한민국애국부인회의 회인會印과 지부 도장은 새로 만들었다. 회의 결정에 따라 평양·대구·개성·진주·기장·밀양·거창·통영·양산·울산·부산·마산·회령·정평·목포·전주·광주·흥수 등에 지부를 두고 회원 모집과 군자금을 모금하였다. 당시 지부장은 다음과 같다.

경성지부장 : 이정숙	경기도지부장 : 신의경
부산지부장 : 백신영	대구지부장 : 유인경
원산지부장 : 이혜경	홍수원지부장 : 정근신
재령지부장 : 김성무	진남포지부장 : 최매지
영천지부장 : 이삼애	경상남도지부장 : 김필애
경상북도지부장 : 이희경	진주지부장 : 박보염
청주지부장 : 이순길	전라북도지부장 : 유보경
군산지부장 : 이김마리아	황주지부장 : 신연애
평양지부장 : 변숙경	

새롭게 탄생한 대한민국애국부인회는 독립전쟁에 여성들을 적극적으로 참여토록 한 점이 종래의 애국부인회와는 분명한 차별성을 보이고 있다. 즉 이전과 달리 대한민국애국부인회는 재무부를 축소하고 적십자부와 결사부를 신설하였다. 종전 대한민국애국부인회는 독립운동자금을 수합하여 임시정부에 보내는 것이 활동의 전부였다. 즉 종래에는 남자 중심의 독립운동의 보조적 성격에서 벗어나지 못하고 있었다. 이에 상해임시정부가 독립전쟁을 목적으로 독립군을 양성하고 부상자 치료를 위해 대한민국적십자회를 조직하자, 이에 맞춰 적십자부를 신설한 것이다. 결사부 신설은 일본과 전쟁이 일어났을 때 즉각적으로 전장에 참여하기 위한 준비활동이었다. 이처럼 회장 김마리아는 항일독립운동계의 정세를 정확히 파악하고 부녀자 독립운동도 이같은 방향을 재편했던 것이다.

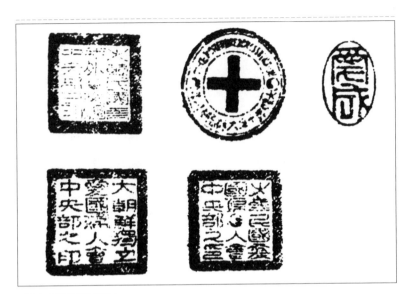

대한민국애국부인회 인장들

이러한 대한민국애국부인회의 정신은 김마리아가 작성한 취지문에
잘 나타나 있다. 취지문은 1919년 11월 1일 대한민국임시정부 임시대
통령 이승만 앞으로 모금된 2천원과 함께 김마리아의 이명인 김근포金槿
圃 명의로 송부되었다. 취지문 말미에 아홉 줄로 쓴 부분은 일종의 강령
으로 부인들의 독립운동에 대한 행동지침을 가사화歌詞化한 것으로 보인
다. 전문과 이승만에게 보낸 서문을 소개하면 다음과 같다.

대한민국애국부인회 취지문

고어古語에 이르기를, 나라를 내 집같이 사랑하라 하였으니 가족의 집이
지만 가족 중 한 사람이라도 제 집을 사랑하지 않으면 그 집이 성립하지

못하고 나라는 국민의 나라이라 국민 중에 한사람이라도 나라를 사랑하지 아니하면 그 나라를 보존치 못할 것은 우부우부愚夫愚婦라도 밝히 알리로다. 개인이 집을 잃으면 이웃 나라로부터의 수욕受辱이 어떠하리오.

슬프다! 나라의 귀함과 민력의 간난艱難을 만나 간적奸賊과 강린强隣이 내외로 핍박하는 시기에 재在하여 신세계 신기원을 만들 방침이 어느 곳에 있느냐 할 것 같으면 사람들이 모두 말하기를 애국이라 하나니 과연 옳도다. 그러나 자강력自强力을 기르지 못하고 의뢰심을 가지고 앉아서 말만 할 것 같으면 무슨 공으로 이룰까. 어떤 방침으로 나라를 사랑하든지 시초에 고심 노력하여야 필경에 태평안락할 것은 자연한 이치어니와 차에 위반하여 언론과 행실이 부동不同하면 그 목적의 열매를 어떻게 맺으리오. 대저 인민의 근심은 사랑이 독실치 못한 데 있고 약한 데 있지 아니하니 사랑의 도는 극난하도다. 그 정성이 지극치 못하면 첫째 불가요, 그 국체가 견고치 못함이 둘째 불가요, 그 행함이 진중치 못하면 셋째 불가요, 그 말함이 신실치 못하면 넷째 불가요, 그 회合함에 단합치 못하면 다섯째 불가이라. 이 다섯 가지 근심이 있으면 사람의 도가 미진하리니 어느 여가에 다시 나라 약 함을 근심하리오. 의사가 기술이 정교하지 못함은 근심하지 아니하고 병의 위중함만 근심하면 실로 용렬한 의사이며, 장수가 모략에 부족함은 근심하지 아니하고 적의 강성함만 [논함은] 우매한 장수라. 애국하는 인민도 나라의 미약만 근심하고 사랑의 독실치 못함은 근심하지 아니하면 그 흐르는 폐弊가 멸滅에 이르리니 이와 같이 고유한 의무와 막대한 책임을 잃은 인민이 어느 땅에 설 수 있겠는가.

오호라! 우리 부인도 국민 중의 일분자로 본 회가 설립된 지 수년 이래로

적의 압박을 입어 어떠한 곤란과 어떠한 위험을 무릅쓰고 은근히 단체를 이루며 비밀히 규모를 지켜 장래의 국가 성립을 준비하다가 독립국 곤란 중에 부인도 십十에 이二가 참가하여 세계의 공안公眼을 놀라게 하였으나 이것에 만족함이 아니요, 국권과 인권을 회복하기로 표준삼고 전진하며 후퇴하지 아니하니 국민성 있는 부인은 용기를 함께 분거奮擧하여 이상을 상통相通할 목적으로 단합을 위주하여 일제히 찬동하심을 천만 위망爲望하나이다.

대한민국애국부인회 아룀.

대한민국 원년[1919] 9월 20일

유무식을 물론하고

빈부귀천 차별 없이

이기심을 다 버리고

국권확장 네 글자만

굳건하온 목적 삼고

성공할 줄 확신하며

장애물을 개의 말고

더욱더욱 진력하며

일심 합력하옵시다

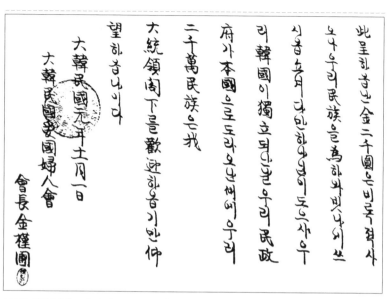

此로써참하고金二十圓은비록젹사
오나우리民族을爲하와밧나리쓰
시음오며참마하와임이도오사우
리韓國이獨立하이되고괘우리民政
府가本國으로도라오난졔도우리
二千萬民族은我
大統領閣下를歡迎하옵기만伸
望하옵나이다
大韓民國元年十一月一日
大韓民國愛國婦人會
會長金柱圜

이승만 대통령에게 보낸 서문(1919년 11월 1일)

이승만 대통령 각하.

엎드려 생각건대 홍범석덕鴻範碩德으로 수만리 이역에 계시사 우리 이천만 생령을 도탄 중에서 증구拯救하옵고 우리 민국 기초를 반석 위에 공고케 하시기 위하여 침寢 불안하시며 식불감食不甘하시사 주야로 노심초사하시난 우리 대통령 각하의 자비하신 은택을 본 회 여자들은 심두육비心頭肉碑에 깊이 새기나이다. 본 회원 등도 역시 우리 4천년 신성한 역사국 민족 중 일분자로 억울 통분함을 불승不勝하와 총검 아래에 위험을 무릅쓰옵고 애국부인회를 조직하와 비밀히 수행守行하오며 고심혈성을 다하와 오인吾人의 의무를 만분지일이라도 보답코자 하올 때에 다만 하늘

73

에 계신 아버지의 묵우黙祐 조직하와 비밀히 수행守行하오며 고심혈성을
다하와 오인吾人의 의무를 만분지일이라도 보답코자 하올 때에 다만 하
늘에 계신 아버지의 묵우하시기만 의지하고 나아가옵나이다. 여기 올리
는 2천원은 비록 적사오나 우리 민족을 위하여 빛나게 쓰시옵소서. 다만
하나님이 도우사 우리 한국이 독립되는 날 우리 민정부民政府가 본국으로
돌아오는 때에 우리 2천만 민족은 우리 대통령 각하를 환영하옵기만 앙
망하옵나이다.

대한민국 원년 11월 1일

대한민국애국부인회 회장 김근포 날인

취지문에는 김마리아의 독립운동 정신과 방략이 잘 나타나 있다. 그
는 인민이 애국독립을 위해 지켜야 할 다섯 가지를 제시하였다. 첫째 나
라 사랑의 독실함과 정성의 지극함이고, 둘째 국체의 공고함이며, 셋째
진중한 행함이며, 넷째 신실하게 말함이며 다섯째 단합이라고 했다. 애
국하는 인민이 나라의 미약함만 근심하고, 사랑이 독실치 못한 것을 근
심하지 않으면 그 폐해가 멸망에 이르고 만다는 것이다. 이처럼 그는
'나라 사랑'을 독립운동의 최고의 가치 덕목으로 내세웠다. 나라 사랑하
는 인민만이 국권과 인권을 회복할 수 있다며 이를 위해 부인들도 단합
하여 전진해야 한다고 주장한 것이다.

김마리아는 대한민애국부인회를 통해 여성들이 독립운동을 하는 것
이 국민된 의무를 행하는 것이라는 소신을 가지고 있었다. 이에 김마리
아는 임시정부 대통령 이승만에게 직접 군자금과 취지서와 규칙을 보

내 여자도 남자와 마찬가지로 임시정부의 구성원임을 인식케 하였던 것
이다. 서문에 "대한민국애국부인회 회장 김근포金槿圃"라 쓰고 날인하였
다. 세례명인 마리아를 쓰지 않고 '무궁화 밭[槿圃]'이라는 뜻의 '근포'라
쓰고 있어 주목된다.

　　김마리아와 황에스더, 이혜경 3인이 함께 작성한 대한민국애국부인
회 본부 및 지부 규칙 중에 현재 남아 있는 것은 본부 규칙뿐이다. 본부
규칙은 총 7장 32조로 구성되어 있는데, 본회의 조직 목적과 회원의 자
격과 권리 및 의무 등을 파악할 수 있다.

대한민국애국부인회 본부 규칙

제1장 명칭 목적 위치

　　제1조　　본 회는 대한민국애국부인회 본부라 칭함

　　제2조　　본 회의 목적은 대한민국 국권을 확장케 함

　　제3조　　본 회는 경성부에 둠

제2장 회원의 자격 권리 및 의무

　　제4조　　본 회의 임원 및 각 지부(임원) 회원 중 본부에서 위임장을
　　　　　　받은 자에 한함

　　제5조　　본 회원은 임원의 선거 및 피선거 및 회무에 대하여 의견을
　　　　　　발표하며 가부를 표결하는 권權과 일도一道의 사무를 총하
　　　　　　는 권이 유함

　　제6조　　본 회원은 본 회의 목적을 관철하기에 용력用力하며 회규를
　　　　　　물위勿違하는 의무를 부담함

제3장 임원 및 직무

제7조　　본 회의 임원은 좌와 여함

- 회장 2인
- 결사장 2인
- 서기 2인
- 의사원議事員 1인
- 교제원 1인
- 통신원 1인
- 편집원 1인
- 총무 1인
- 구제원 1인
- 평의원 7인
- 적십자원 2인
- 재무원 2인

제4장 임원 선거 및 임기

제21조　　임원의 임기는 2개년으로 정함

제22조　　임원선거 종다수從多數 등의 임시 변경은 의사로 경유함

제5장 재정

제23조　　본 회의 재정은 좌의 방법에 의하여 수입함

- 회금은 각 지부의 봉납금으로 함
- 유지가의 기부금
- 회금 지출 방법은 평의원을 경유할 사事
- 회금 납입은 매 2개월로 정함

제6장 집회

제24조　　통상 회기는 춘추로 함

제25조　　총회는 3년에 1차로 함

제7장 세칙

제26조　　본 회 규칙에 규정함이 무無한 사항은 평의부 혹 총회의 결
　　　　　의로 시행함

제27조　　본 회 규칙을 개정 혹 증감할 시는 반수 이상 회원 출석 시

에 결의함

제28조　본 회원은 회에 대한 일체 사항의 비밀을 엄숙히 지킴

제29조　본 회원은 임의로 남자부와 연락함을 금함. 남자부와 연락
　　　　권은 평의에 재함

제30조　정부와 남녀부의 직접 연락권은 단 회장에 재함

제31조　임원이라도 본회의 존재의 여부와 임원을 타인에게 소개
　　　　할 권이 무無함. 단 평의부의 허가를 득할 시로 함

제32조　인쇄 사항은 각 지부에서 임시로 남녀부와 연락하게 함

　본부 규칙 제2조의 "본 회의 목적을 대한민국 국권을 확장"하는데
둔 것은 국민으로서의 권리와 의무를 위해 여자들이 독립운동을 해야
한다는 것을 강조하기 위한 것이다. 또한 본부 규칙의 세칙에 철저한 비
밀단체임을 명확히 하였다. 비밀활동의 총책임을 회장이 전적으로 감당
하도록 되어 있기 때문에 김마리아의 영도력이 매우 중요했다.

　독립성취에 대한 확고한 신념과 뚜렷한 목적의식을 가진 지도자 김
마리아를 중심으로 결속된 대한민국애국부인회의 활동은 놀라운 성과
를 냈다. 본회를 조직하고 활동한 지 한 달 남짓 만에 회원수가 2천여
명으로 증가하였고, 하와이와 만주에까지 지부를 설치하고 본부와 국
내외의 각 지부에서 모급된 거액의 군자금 6천 원을 임시정부에 송부할
수 있었다.

동지의 배신과 투옥

1919년 11월 17일 저녁 무렵 재무부장 장선희와 함께 각 도 지부장에게 보낼 신임장 준비를 끝낸 김마리아는 피로에 지쳐 한숨을 돌리고 있었다. 장선희는 동지들과 연락을 취해야 한다며 사택을 나서려 할 때 오현주와 맞닥뜨렸다. 정선희는 발길을 되돌려 오현주와 함께 김마리아 방으로 들어 왔다. 가정부가 차려온 저녁상을 받고 식사를 하려던 김마리아는 오현주를 반갑게 맞았다. 다 같이 저녁식사를 한 후에 오현주가 자기 집에 상해임시정부 밀사가 와 있는데 대한민국애국부인회 회장과 재무부장을 꼭 만났으면 한다는 말을 꺼냈다. 김마리아와 장선희는 뜻밖의 요청에 약간 의심스런 느낌이 들었지만, 괜한 우려라 여기고 묵묵히 외출 준비를 했다.

오현주는 집에 이르자 두 사람을 깊숙한 내실로 안내했다. 환한 전등불 밑에 황색 안경을 끼고 카이젤 수염을 기른 곰보 얼굴을 한 청년 신사가 있었다. 그는 자기를 임시정부 밀사라 소개하고 뜬금없이 비밀유지상 불은 끄고 얘기하자고 했다. 김마리아는 누구인지 이름이라도 물어보고 싶었으나 태도가 하도 황당하여 그가 하는 대로 눈치만 살폈다. 밀사라는 인물은 "박넝쿨이 사방으로 퍼져서 박통이 많이 열렸어도 물은 한군데에서 올라오듯 그 뿌리의 역할이 중대합니다"라는 뭔가 의미 있는 듯한 말투로 이야기를 시작했다.

그는 애국부인회의 내용과 임원조직, 그리고 자금갹출 등에 관해서만 자세히 캐물었다. 두 사람은 내심 수상하고 불길한 예감이 들었다.

장선희는 김마리아의 다리를 꼬집어 돌아가자는 신호를 했고, 김마리아는 장선희에게 비밀을 말해서는 안된다는 무언의 약속을 하였다. 거의 한 시간 동안 정체불명의 밀사로부터 질문 공세를 받았으나 비밀에 관한 사항은 결코 말하지 않았다. 김마리아와 장선희는 자고 가라는 오현주의 만류를 뿌리치고 학교 숙소로 돌아왔다. 불길한 느낌을 떨쳐버릴 수 없었지만, 별일 아닐 것이라 자위하며 그날 밤을 보냈다.

그런데 그날 밤 오현주는 남편 강압에 못이겨 서기 김영순에게서 회칙과 회원명단 등 서류를 받다가 밀사라는 사람에게 넘겨준 뒤였다. 그런데 그 밀사는 훗날 알려진 사실이지만 종로경찰서 고등계형사 출신의 유근수로 강낙원의 YMCA 검도 선생이었다. 그는 당시 경상북도 고등계 형사였다. 독립운동에서 손을 뗀 강낙원이 자신의 신변 안전을 위해 대한민국애국부인회 정보를 제공한 것이다. 오현주는 대가로 3,000원을 받았다는 소문이 파다하였다.

그 뒤 10여 일이 지난 1919년 11월 28일, 김마리아는 여느 때와 마찬가지로 4학년생을 가르치고 있는데, 누군가 황급히 교실 문을 두드렸다. 종로경찰서의 형사들이 와서 만나자고 하니 직원실로 오라는 전갈이었다. 순간 김마리아는 카이젤 수염에 곰보 얼굴을 한 사나이가 생각났다. 올 것이 왔다는 생각에 불안과 긴장이 그의 온몸을 휘감았다.

김마리아가 직원실에 도착하니 10여 명의 일본 경찰과 형사들이 진을 치고 있었다. 곧이어 장선희·김영순·신의경이 들어왔다. 루이스 교장과 천미례 부교장은 굵은 눈물방울을 떨어드리며 한사람 한사람 끌어안고 볼에 입을 맞추었다. 한 경찰이 "자, 조사할 일이 있으니, 종로경찰서까지 갑시다"라는 말이 끝나자마자 득달같이 달려들어 각각 손에다 쇠고랑을 채웠다. 교무실을 나와 교정을 나서자 학생들이 줄지어 서서 눈물을 흘리고 네 선생의 뒷모습을 보면서, "선생님, 선생님! 꿋꿋하고 몸 건강하세요"라고 소리쳤다.

그들이 종로경찰서에 도착했을 때는 벌써 여러 동지들이 연행되어와 있었다. 저녁 무렵 피체된 동지들은 종로경찰서에서 본정本町(지금의 충무로)경찰서로 이송되었다. 그곳에는 황에스더·이정숙·이성완·박인덕·김희옥·성경애·오현주·오현관 등 대한민국애국부인회 핵심 간부들과 회원들이 붙잡혀 와 있었다. 동지들은 회장인 김마리아를 둘러싸고 불안한 얼굴로 앞일을 걱정했다. 김마리아는 동요하는 동지들을 가까이 불러 모아 놓고 결연하게 말하였다.

"동지들, 졸지에 이러한 시련을 겪게 된 것을 가슴 아프게 생각합니다. 그리고 이런 수난을 당하게 한 나의 무능력한 행위를 통감하며 여러분에게 사죄드립니다. 그러나 이처럼 사태가 악화되었으니, 우리는 이 시점에서 우리의 동지들이 조금이라도 피해를 덜 받고, 사태가 더 이상 악화되지 않는 방향에서 자신의 문제를 해결하도록 노력하지 않으면 안 되겠습니다. 우리 모두 희생적인 결의로 장차 다가올 고난에 대결해야 하겠습니다. 일시적인 고통에 못이겨 동지들을 파는 비겁한 행위는 피하도록 합시다. 그것은 나라를 파는 일입니다. 우리 몇 사람은 죽음으로써 희생을 각오합시다. 그리고 다른 동지들의 무사함을 위해 최선의 노력을 합시다. 그것만이 우리가 살고 또 동지 여러분이 살며, 나아가서 우리 대한민국애국부인회의 생명과 정신이 길이 사는 길입니다."

불안감 떨고 있던 동지들은 나라를 위해 조직과 동지를 구하자는 김마리아의 격려의 말에 힘과 용기를 얻었다. 다음날 대한민국애국부인회 임원 18명은 한사람 씩 손목과 허리에 포승줄에 묶인 채 남대문쪽으로 끌려갔다. 도로에서 이 광경을 본 군중들은 "여성독립단이여, 용기를 내시오! 대한독립 만세!"를 외쳤다. 남대문 사거리를 지날 서울역으로 향할 무렵 수백 명의 군중이 몰려들어 이들 뒤를 따랐다.

서울역에 도착한 일행은 삼엄한 경계와 엄동의 추위 속에서 대구로 향하는 기차에 올랐다. 대구부의 예수교 부인이 대한민국애국부인회 명의로 은밀히 조선독립자금이라 칭하고 금품을 모집하고 있다는 사실이 일제의 경찰에 탐지되었기 때문이다. 밤 열차를 타고 서울을 떠난 김마리아 등 대한민국애국부인회 임원들은 이튿날 아침 대구역에 도착하였다. 기차에서 내린 김마리아 등은 경북 경찰국 제3부로 넘겨졌는데, 이미 유인경·이혜경·백신영이 끌려와 있었고 계속하여 지방 지부장들이 체포되어 왔다. 모두 52명의 애국부인회 관련자가 대구경찰서에 검거되었다.

김마리아는 비밀리에 핵심 동지들과 유치장에서 긴급회의를 열었다. 그는 동지들에게 우리의 운명은 모두 하늘에 맡기고 다른 동지들이 더 이상 희생되는 일이 없도록 하자고 하였다. 여기서 합의된 내용은 첫째 동지들의 이름을 절대 팔지 말 것, 둘째 회의 비밀을 절대 누설하지 말 것, 셋째 어떠한 희생이라도 각오하고 사건의 책임을 가급적 간부들만 질 것, 넷째 사건 범위가 더 이상 확대되지 않도록 할 것 등이었다. 그리고 애국부인회의 활동은 절대로 독립운동이 아니라 여자교육운동이라

주장하고 대답하라고 하였다.

김마리아 등은 비좁은 유치장에 가뒀기 때문에 몸조차 제대로 가눌수 없었다. 그는 유치장 간수에게 "유치장이 너무 협소하여 도저히 견딜 수 없다며 모두 무죄 석방시키든지 넓고 밝은 방을 주든지 하라"고요구하였다. 그러자 이튿날 경찰국 뒤편에 있는 검도장으로 전원을 이동, 수용하였다. 매일 새벽과 밤중에 경찰들의 방해와 협박에도 불구하고 김마리아는 기도회를 열고 동지들에게 용기를 북돋아 주었다.

제일 먼저 오현주가 신문을 받았는데 그날 이후 유치장으로 돌아오지 않았다. 오현주는 자수 조서를 쓰고 증인이 될 것을 약속한 뒤에 석방되었기 때문이다. 그 뒤 10여 일이 지나면서 비로소 동지들이 한 명씩 끌려가 본격적인 신문을 받기 시작하였다. 오현주로부터 일체의 증거물을 미리 확보한 경찰들은 그들이 신문에 순순히 응하지 않으면 고문을 가했다. 특히 회장이었던 김마리아에게는 자백을 받아내기 위하여더욱 혹독한 고문을 가하였다.

대구경찰서는 애국부인회의 지하실 천장에 숨겨 놓았던 인장과 취지서며 규칙 등 각종 비밀 서류들과 지하실 땅 속에 묻어 두었던 등사판과옛날 회원 명부들까지 모두 입수하여 증거물로 제시하면서 신문하였다.특히 임시정부에서 신임장을 통상 오현주의 집으로 보내기 때문에 그것들을 그 집 장독대 밑에 묻어 두었던 것이다. 그런데 애국부인회 서류가발각되면서 거기에 함께 묻었던 안재홍 등의 청년외교단 신임장과 서류도 함께 들키고 말았다. 당시 일제는 부인회와 대한청년외교단과의 매우 깊은 관계가 있다고 보았다. 그래서 대한청년외교단과의 연락 여부를 캐내려는 경찰의 억지 신문으로 회장인 김마리아에 대한 고문이 더욱 심하였던 것이다.

당시 그를 고문한 자는 일본인 니시오카西岡 경부보와 조선인 박준건 형사였다.

김마리아를 끌어다 취조실에 앉힌 놈들은 김마리아의 두 무릎 사이에 굵은 장작개비를 넣었다. 그리고 수갑을 채운 두 팔 사이에는 쪼개진 대나무를 끼운 뒤 빨래짜듯이 비틀어댔다. 그러나 김마리아는 한마디의 댓구도 하지 않았다. 터져 나오는 신음소리를 삼키며 혹독한 고통을 참았다. 그러자 놈들은 다시 악형을 가중시켜 왔다. 그것은 코에 고무호스를 끼우고 물을 넣는 수법이었다. …… 침묵으로 일관하는 김마리아에게 그들은 무자비한 구둣발로 굵은 나무토막을 끼고 앉은 김마리아를 걷어차는 것이었다. 앞으로 고꾸라지는 김마리아의 얼굴과 입에는 피가 흘러내렸다. …… 고통에 못이겨 실신해 늘어진 김마리아를 가운데 놓고 놈들은 야만스러운 미소를 입가에 흘리며 수군거렸다. 그리고 죽은 듯 쓰러져 있는 그녀의 머리채를 휘어잡고 질질 끌어다가 그때부터는 독방에 집어넣었다.

일제경찰은 인간으로서 도저히 할 수 없는 만행을 저질렀다. 1차 체포 때, 왜성대에서의 고문으로 생긴 메스토이병이 다 낫기도 전에 더 극심한 고문을 받게 되자 몸이 더욱 망가졌다. 귀와 코에 고름이 고이는 메스토이병이 악화되어 신열로 온몸이 불덩이 같았고 사지가 뒤틀렸다.

얼음장 같은 독방에서 김마리아는 음식도 제대로 먹지 못한 채 그저 신음할 뿐이었다.

12월 11일 대구지방법원 검사국에 송치되었다. 신문을 받기 위해 검사국 제1실에 들어섰을 때 김마리아는 깜짝 놀랐다. 왜성대에서 자신을 신문한 가와무라河村靜水 검사가 버티고 앉아 있었기 때문이다. 인정이라고는 눈꼽만큼도 없는 간악하고 잔인한 그 검사를 다시 만나게 되는 순간 온몸의 피가 역류하고 심장이 멎는 듯하였다. 김마리아를 신문한 바 있는 가와무라 검사가 대한민국애국부인회 사건을 자신이 담당하겠다고 자원하여 서울에서 대구로 부임해 왔던 것이다.

"에이, 끔직한 것. 지난번 그렇게 고문을 당했는데도 정신을 차리지 못했어."

김마리아를 본 가와무라는 소리를 버럭 질렀다. 팽팽한 긴장감 속에서 신문이 시작되었다.

"이름은?"

"김마리아요."

"생년월일은?"

"서력 1893년 6월 18일."

"피고는 어찌하여 대일본제국의 연호를 쓰지 않고 서력 연호를 쓰는가?"

"나는 일본의 연호를 배운 바도 없고 알고 싶지도 않은 사람이오."

고문으로 만신창이가 되어 끌려온 김마리아에게 일제를 증오하고 반항하는 마음과 정신이 그대로 살아 있는 것을 보고 가와무라는 분노가

치솟았다. 구둣발로 쾅쾅 구르고 고함치며 신문을 계속하였다.

"애국부인회란 무엇을 위한 단체인가? 그리고 목적이 무엇인가? 대답하라."

"인력수양과 여성교육을 보급하는 것이 취지일 뿐 다른 목적은 없소."

기와무라는 이미 오현주의 자수로 애국부인회에 대한 모든 것을 들어 알고 있었고, 그의 대답이 모두 거짓말이라고 심하게 윽박지르며 사실을 말하라고 추궁하였다. 김마리아는 가와무라 검사의 신문과정에서 애국부인회의 활동 전모가 오현주에 의해 발각되었다는 사실에 너무 놀랐다. 그렇게도 가까운 사이였던 동기 동창 친구, 믿음 또한 좋았던 그 동지가 이렇듯 엄청난 배신을 했다는 데서 김마리아의 가슴은 찢어지는 듯하였다.

김마리아 등 핵심간부들이 끝까지 비밀을 지켜 체포되었던 52명 중 43명은 증거불충분으로 불기소 방면되었다. 김마리아·장선희·황에스더·이정숙·김영순·유인경·신의경·백신영·이혜경 등 9명은 검사국의 기소로 예심에 붙여져 1920년 4월 23일 예심판결을 받고 재판에 넘겨졌다.

병보석과 투병생활

투옥된 인사 가운데 나이가 제일 많은 백신영은 심한 위장병으로 아무것도 먹지 못하여 뼈에 가죽만 남아 거의 빈사 상태였다. 이정숙은 발에 걸린 동상이 덧나 걸음을 제대로 걷지 못하였다. 김마리아는 특히 위중하여 도저히 감옥생활을 지속할 수 없는 지경이었다. 코와 귀의 화농이 심하여 고열에 시달렸고 고문당할 때 머리를 심하게 구타당하여 정신이 혼미하더니 결국 극도의 신경쇠약 증세까지 보였다.

당시 김마리아의 상태에 대해서는 『동아일보』는 '대구옥중大邱獄中의 김마리아 위독 ; 절식한 지 이틀, 위태한 그의 목숨' 등의 기사제목으로 보도하였다.

철창에 병중病重한 김마리아의 기사

김마리아는 요즘도 조금도 음식을 먹지 못하고 몸은 점점 파리하여 도저히 회생할 가망이 없다고 하며, 면회하러 간 사람을 만나러 갈 때도 몸을 가누지 못하고 자리에 넘어져 실신한 사람처럼 간신히 입을 열어 두어마디 한다.

대한민국애국부인회가 발각되어 인사들이 감옥에 투옥되었을 때 전국에서 이들을 위로하는 동정금이 쇄도하였다. 동정금으로 집을 하나 구해 친구와 일가들이 돌아가며 감방에 있는 아홉 사람에게 사식을 만들어 들여보내기도 하였다. 이혜경의 언니, 이자경李慈卿은 김마리아와는 소래마을에서 형제처럼 함께 자랐는데 대구지방법원 검사국에 송치되었을 때부터 옥바라지를 하였다. 이자경은 갑신정변 당시 일본에 망명하여 미국 선교사와 성경을 번역한 이창식의 맏딸이다. 아버지가 망명 중에 이자경은 황해도 장연군 송천리의 삼촌댁에 살았는데, 그곳에서 김마리아 형제들과 소래학교에 다니며 친형제와 같이 가깝게 지냈다. 그 후에도 서울에서 김마리아와는 정신여학교 4회 졸업생 동창이었다.

선교사들도 어떻게든 이들을 위로하고 힘닿는 대로 도와주고자 노력하였다. 3·1운동 당시 한국인의 참상을 외국에 알렸던 세브란스 병원의 스코필드 박사는 대구감옥으로 내려가 김마리아·이혜경·장선희·이정숙 등을 면회하고 그들의 처참한 감옥생활을 눈으로 확인했다. 그 뒤 스코필드는 서울로 올라온 즉시 신임 총독 사이토齋藤實를 방문하여 고문의 부당성을 지적하고 수감자 대우 개선을 강력히 항의하였다. 그는 두 차례 더 대구감옥을 찾아 이들을 면회했다.

대구감옥의 전의典醫인 김창림도 애국부인회 수감자들을 정성껏 치료하였다. 또 미국 선교사 박우만Bergman·방혜법Blair·방해리·어도만Erdman 박사 등도 매주일 번갈아 감옥을 찾아 김마리아 등과 함께 예배를 드리곤 했다.

내외의 여러 사람들이 수감자들을 극진히 옥바라지하고 위로를 해주었으나 김마리아의 옥중 병고는 점점 심해갔다. 날이 더워지면서 옴까지 옮아 온몸이 통통 부어올라 감옥에 그대로 두면 곧 옥사할 지경이었다. 그를 병보석으로 출옥시켜 특별 치료와 요양을 해야 했지만 중죄로 취급되어 쉽지 않았다. 김마리아의 병세가 악화되자 이자경 등이 법원에 병보석을 신청했으나 받아들여지지 않았다. 이자경 등이 김마리아·백신영·이정숙 등을 면회했는데, 간수들이 마치 송장 셋을 떠메고 오는 듯하였다. 이들을 보석시키지 못한 간절한 심정을 이자경은 다음과 같이 표현하였다.

우리는 세 사람을 보석하여 내오지 못하면 도저히 밥을 먹을 수도 없고 잠을 잘 수도 없었습니다. 하늘이 부끄러워 도저히 견딜 수 없었고 양심이 아파서 차마 한시도 그네를 잊을 수 없었습니다. 지금도 그때 떠메어 내어오는 꼴이 눈앞에 선합니다.

이자경 등은 자신들만으로 더 이상 힘쓸 수 없자 선교사들과 의논하여 여러 번 보석 신청을 하였으나 실패하였다. 정신여학교 부교장 천미례 선교사도 직접 대구에 와서 그곳에서 오랫동안 선교활동을 하던 블레어William N. Blair 목사를 통해 검사국에 보석허가 교섭을 하였으나 역시 마찬가지였다.

선교사들의 끈질긴 보석 요청에 부담을 느낀 검사국 측에서 김마리아 등의 병 상태를 살폈다. 결국 검사국은 그제야 김마리아의 병세가 심상치 않다는 것을 알고, 1920년 5월 20일 김마리아와 백신영의 병보석 신청을 받아들였다. 5월 22일 11시 이자경과 블레어 목사 등 선교사들이 검사국에 가서 김마리아와 백신영을 데리고 감옥에서 나올 수 있었다. 보석 당시 담당 검사는 블레어 목사에게 보석인의 신병을 잘 감시하도록 당부하고 외부인과는 일체 접촉을 금지토록 하고, 만약 그런 일이 발각되면 즉시 보석을 해제하겠다고 경고하였다. 보석인의 주거지를 블레어 목사 사택과 주변 건물로 제한하였다.

김마리아와 백신영은 블레어 목사의 사저에서 북쪽으로 10여 미터

떨어진 집에서 치료하며 요양하였다. 당시 김마리아의 형상은 뼈만 남은 몸에 옴이 올라 얼굴이 퉁퉁 부어 있었다. 또한 신경이 아주 쇠약해져 작은 소리에도 깜짝깜짝 놀라곤 했다. 백신영도 위병이 매우 심하여 미음 한 수저를 마시면 한 대접을 토해 비쩍 말라 있었다. 그들이 보석되자 간호를 위해 서울 세브란스병원에서 간호사 서필선徐弼善이 대구로 급히 내려왔고, 안동에 있는 서양 의사를 청해 진찰을 받게 하였다. 일주일쯤 지나자 병세는 약간 차도가 있는 듯하였다.

극진한 간호에 김마리아의 마음은 편치 않았다. 누워 있는 곳이 비록 안락하기는 하나 역시 수감생활과 다를 바 없었기 때문이다. 감옥의 간수 대신 이번에는 선교사들이 번갈아 그를 감시하였다. 그가 접할 수 있는 사람은 보호자 몇 명과 간호사, 의사 외에는 아무도 허락되지 않았다. 감옥에 두고 온 동지들 때문에도 마음이 편치 않았다. 그 곳에서 고생하는 동지를 생각하면 어서 병이 나아서 다시 감옥으로 돌아가 동지들과 함께 고생해야 한다는 생각을 떨칠 수가 없었다.

김마리아가 보석되고 일주일 되는 5월 29일 『동아일보』 기자가 그를 취재하기 위해 대구로 내려왔다. 외부인 면회가 철저하게 금지되었기 때문에 기자는 이자경과 김마리아의 두 언니를 통해 그에 대한 이야기를 들을 수 있었다. 당시 큰언니는 황해도 신천에, 작은언니는 광주에 살고 있었다. 기자는 그간의 참혹한 상황을 듣고, 1920년 6월 2일부터 6일까지 5회에 걸쳐 '병상에 누운 김마리아'라는 제목으로 『동아일보』에 연재하였다.

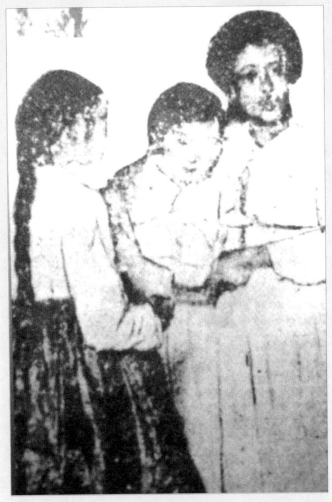

대구감옥서 병보석으로 풀려난 뒤 세브란스병원에 입원할 당시 김마리아(가운데, 1920)

3월 1일에 독립선언과 소요가 일어나매 마리아는 잡히어서 다섯 달 동안을 총감부와 서대문감옥에 가서 있다가 (1919년) 7월에 보석을 하고 나왔는데 총감부에 있을 때에 어떻게 몹시 맞았는지 가뜩이나 쇠약한 신경이 아주 말할 수 없이 쇠약할 뿐 아니라 귀와 코에 고름이 들었으므로 그것을 치료하던 중에 채 치료도 다하지 못하고 작년(1919) 9월에 대구로 잡히어 왔으니까 마리아의 병으로 말하면 여간 한 두 달 치료로는 나을 수가 없습니다.

일전에 서울 박계양朴啓陽 의사가 와서 약간 고름을 뽑아 주기는 하였으나 아직도 완전히 치료하려면 많은 시일이 걸릴 듯합니다. 과연 마리아의 청춘은 아리고 쓰린 싸움의 살림이었습니다. 어려서 일찍이 따뜻한 사랑을 주시던 부모를 여의고 14년 동안은 남북으로 도서로 표류하던 끝에 심지어 남의 고향에 외로운 꿈도 꾸고 강호천江戶川 물결 소리에 선잠도 깨이다가 마침내 지옥까지 쓸쓸하고 죽음같이 어두운 감방생활을 한 지가 벌써 1년이 넘었으며 몸에는 고치기 어려운 몹쓸 병마의 유린을 당하고 있으니 참으로 불쌍한 것은 이루 말씀할 수도 없고 한 뼈 한 피를 나눈 우리들로 말하면 때때로 가슴이 으서지는 듯합니다

－『동아일보』 1920년 6월 6일자

끈질긴 법정투쟁

여러 사람들의 간호에도 불구하고 그의 병세는 치유되지 못하고 오히려 악화되었다. 당시 이비인후과 권위자인 서울 한양병원 의사 박계양이

대구에 내려와 치료를 해야 할 정도였다. 서울로 가서 수술을 받아야 하는 형편이었지만 상황은 여의치 않았고 이러한 상태로 1920년 6월 7일 법정에 출두하였다. 김마리아가 병보석 된 지 보름만의 일이었다.

오전 9시 대구지방법원 제1호 법정에서 대한민국애국부인회와 대한민국청년외교단에 대한 제1회 공판이 열렸다. 대한청년외교단은 오현주가 회장이던 당시 대한민국애국부인회와 잠깐 관련이 있었을 뿐 김마리아가 회장으로 있던 때와는 전연 관련이 없었다. 그런데 일제는 사건의 중대성을 확대시키고자 두 독립운동 단체를 연관시킨 것이다. 때문에 이 재판에 대한 국내외의 관심은 대단하였다. 당시 상황을 『동아일보』 1920년 6월 9일자는 다음과 같이 보도하였다.

제중원 간호부장 되는 서양부인과 또 한 사람의 청년이 김마리아를 떠미어 내가는데 김마리아는 전신에다가 담요를 두르고 얼굴에는 보기도 흉한 흰 수건으로 가리었는데 하얗게 세인 아래턱이 겨우 보이는 것이 마치 죽은 사람같이 참혹하였고 겨우 내놓은 두 손은 뼈대만 남아서 차마 볼 수가 없었다. 죽은 송장같이 축 늘어진 두 피고를 떠미어 내갈 때에 방청석의 부인네들은 모다 훌쩍훌쩍 우는 소래로 한참동안 그 음산한 법정은 눈물 세상이 되고 말았다.

공판 법정에는 고미五味逸平 재판장, 야마구치山口新正 · 다나카田中新助 양 배석판사와 가와무라 검사가 열석하였고, 변호사로는 정구창鄭求昌 · 양대경梁大卿 · 김의균金宜均 · 김우영金雨英 · 호리이케堀池 · 다가바시高橋 · 키시

모토岸本 등 여섯 명이 열석하였다. 가와무라 검사가 대한청년단장 이병철과 대한민국애국부인회장 김마리아 외 21명의 주소, 본적, 연령을 조사한 뒤 대한청년외교단 이병철부터 취조를 시작하였다.

이때 고미 재판장이 의자에 기대앉은 김마리아와 백신영에게 말했다.

"두 피고는 병인이라. 이병철의 신문하는 소리를 듣기 힘들거든 나가 있어라. 만일 과히 힘들지 않거든 앉아서 듣는 것이 어떻겠는가"

"나가게 해주면 고맙겠소. 원래 우리 애국부인회는 남자 피고 이병철과 아무 관계가 없으므로 들을 필요도 없소."

김마리아가 대답하자 백신영도 같은 대답을 하였다. 이에 세브란스병원의 에스텝 간호부장과 조선인 청년이 김마리아 등을 떠메고 공판정을 나갔다.

장내가 정리되자 검사가 예심결정서에 발표된 바와 같이 피고 23명 중 남자는 대한청년외교단으로, 여자는 대한애국부인회로 상해임시정부와 연락 혹은 자금을 모집하여 상해로 보내거나 불온문서를 발행하여 치안을 방해한 것이라고 고소 사실을 진술한 후 이병철부터 차례로 취조하였다. 외교단 측의 이병철·안재홍·김태규金泰圭·이호승李鎬承·나대화羅大化에 대한 신문이 끝나고 대한민국애국부인회에 대한 신문이 시작되었다. 나이 어린 이정숙으로부터 시작하여 장선희·유인경·황에스더·신의경·이혜경 순으로 진행되고 나서 마지막으로 백신영·김마리아를 신문하였다.

일본 판사의 신문을 받은 대한민국애국부인회 모든 임원들은 하나같이 애국부인회의 설립에 대해 독립운동이 아니라 여자교육을 목적으

로 한 것이라고 주장했다. 김마리아는 오현주가 주관한 대한민국애국
부인회를 이어받아 활동한 것이 아니라 여자교육의 목적을 가지고 새로
조직하여 활동한 것이라고 분명하게 대답하였다.

김마리아의 신문이 끝난 뒤 검사가 논고하였는데 저녁 7시 40분까
지 계속되었다. 이어서 정구창 변호사의 변론이 한 시간 동안 계속된 후
저녁 8시 40분에 첫날 공판이 끝났다. 장장 12시간에 걸친 공판이었다.
가와무라 검사는 논고에서 김마리아를 '일본의 국적國賊'이라며 김마리
아와 황에스더에게 각각 징역 5년, 그 외 피고에게는 징역 3년을 구형
하였다. 정구창 변호사는 주로 대한청년외교단을 변호하였다. 그의 변
론 요지는 두 단체가 불온성은 갖고 있으나 위험성은 없기 때문에 집행
유예를 해야 한다는 것이었다.

가와무라의 논고와 구형

본 건은 본도 제3부에서 고심 수색한 결과 검거된 것이다. 대구시중의 예
수교인 여자로서 애국부인의 단원이 되어 금전을 은밀히 거둔다는 말을
듣고 또 작년 4월 중에 배일조선인이 단체를 조직하여 본부를 경성에 두
고 지부를 각지에 두어서 활동한다는 말을 들어서 극력으로 수색중이다
가 경성에서 땅속에 파묻은 비밀문서를 발견하고 청년외교단과 애국부
인단을 전부 검거하여 11월 27일에 체포를 마친 것이라. 청년외교단 중
요 인물 안재홍은 항상 일한병합에 불만을 품고 조선인 장덕수가 상해
로부터 돌아오매 피고 이병철과 상의하고 같은 단체를 조직하여 한편으
로 상해 임시정부를 원조하고 한편으로는 본 정부에 사람을 파견하여 활

동코자 하였는데 피고 연병호는 이러한 일을 함에는 상당한 명부와 회가 필요하다 하여 경성부 내 유근이란 사람의 집에 모여 이것을 만들었다.

피고 안재홍은 와세다대학 정치과를 졸업하여 일찍이 학생 간에도 명망이 있던 사람이다. 전기와 같이 연병호와 유근의 집에 모여 상의한 결과 임시정부 각 부장은 전부 상해로 모여 국정을 통일할 일, 열국에 외교원을 특파할 일, 일본에 특파원을 보내는 일 등을 협의한 후 이종욱으로 하여금 돈 550원을 갖고 상해로 가게 하였더니 그 정부로부터는 국무총리 안창호가 감사장을 보내 주었으며, 또 피고 일동은 일한병합의 기념일인 8월 29일을 국치기념일로 정하여 경고문을 배포하였으며, 피고 이종욱은 안창호가 조직한 적십자대원이라 하며, 또 피고 이병철은 금전을 내어 사람을 상해로 파견하였으므로 동 정부 재무총장 최재형에게서 감사장을 받고 또 내무총장 이동녕의 촉탁을 받아 독립운동 중 피해자 조사와 적국의 반항상태 조사 등의 불온한 조사를 하였으며 피고 안재홍에게 배달청년단을 조직하여 치안을 방해하였다.

그 다음 애국부인단과의 경과를 보건대, 작년 3월 1일 손병희가 조선독립을 선언하고 다수한 민중이 이에 참가함에 수감된 사람이 적지 않았다. 그 중에는 물론 예수교도 다수를 점령하였으므로 정신여학교 교사 이모와 오현주와 지금 피고 제중원 간호부 이정숙 등이 혈성애국부인단을 조직하여 수감된 사람의 사식 차입과 가족 보호에 진력하다가 종전에 예수교도 이병수가 설립한 대조선애국부인단과 합동한 후 김원경을 애국부인단 대표로 상해로 파견하고 합동된 두 애국부인회는 명칭을 대한

애국부인단이라 고치고 오현주를 회장으로 장선희를 외교원으로 이병철을 고문으로 선정하여 일반 조선인 간의 불온한 문서를 왕복하고 활동하던 중 작년 5월에 소요 범인으로 일시 수감되었다가 면소 출감한 김마리아·황에스더는 정신여학교 내 천 부인의 집에 모여 김마리아를 회장으로 이혜경을 부회장으로 신의경을 임시서기로 박인덕을 부서기로 임원을 선정한 후 계속하여 철두철미 독립을 운동하여 착착 활동을 진행하는 중 본도 제3부의 손에 체포되어 본직의 손으로 넘어온 것이라.

이와 같은 의협심을 띤 불온단체를 체포하게 된 것은 매우 다행한 일이다. 무릇 조선인이라도 일본의 신민이 된 이상에 일본의 기반을 벗어 나가고자 하는 것은 나라의 적이라. 더욱이 김마리아는 여자로서 대학교까지 졸업하고 인격과 재질이 비범한 천재를 가졌으므로 그 대담한 태도와 거만한 모양은 이루 말할 수 없는 중 더욱 가중한 것은 본직에게 신문을 당할 때에 오연히 나는 일본의 연호를 모르는 사람이라 하면서 서력 일천구백 몇 년이라 하는 것을 보면 그의 눈에 일본제국이란 것은 없고 일본의 신민이 아닌 비국민적 태도를 가진 것이다. 이러한 대역무도한 무리에게는 특히 추상열일 같은 형벌을 내려 그러한 인물을 박멸치 아니하면 도저히 치안을 유지할 수 없는 것이라. 원래 조선인은 몇 천년 동안 강린의 사이에 있어서 교묘한 사령으로 사대사상에 젖은 무리라. 이 사대사상은 조선인의 통폐라고도 할 수 있도다.

피고 김마리아는 인격수양과 여자교육 보급하는 것이 그 회의 취지라 하지만 다른 피고들의 말은 오늘은 김마리아와 같이 말을 하나 여러 피고 중 그 전에 경찰관리에게든지 본직에게든지 공술한 말을 보건대, "조선

사람으로 조선의 독립을 운동하는 것은 당연한 일이 아니냐, 남자가 활동하는데 여자가 활동하는 것도 당연한 일이 아니냐"하고 대답한 것을 보아도 범죄의 증거는 확실하며 더욱 만일 피고들이 주장함과 같이 여자교육을 목적한 것이라 하면 무슨 연고로 대한민국애국부인단이란 불온당한 명칭을 붙였으며, 제1조의 '국권회복을 하기 위하여'라는 말이 있고, 본 회는 사무는 일절 비밀에 붙인다 하였으니 진정히 여자교육만을 목적한다 하면 무슨 연고로 국권회복 말이 쓰였으며 또 비밀에 붙일 필요가 있는가. 또 이정숙과 백신영을 결사대원으로 추천하였으니 전장에 나가지 아니하는 이상에 결사대가 무슨 필요가 있을까? 듣지 아니하여도 독립운동의 불온단체인 것은 사실이다.

그들의 소행을 보건대 그들이 어떻게 독립사상이 격렬하고 배일사상이 격렬한 것은 명료하니 이러한 사람에게는 일한병합의 취지를 설명할 필요도 없고 또 은혜를 베풀 필요가 없는 것이다. 원래 조선인은 은혜를 입히면 입힐수록 기어오르는 백성이라. 작년 소요 이래 조선인의 사상은 점점 악화하여 사사이 일본인과 동등 권리를 얻겠다는, 바꾸어 말하면 나마이끼가 되었으니 이때를 당하여 "일본의 연호를 나는 모르는 사람이라"는 대역 무도한 역적에게는 특히 추상열화와 같은 형벌을 가하여 단연코 그러한 인물을 박멸치 아니하면 아니 되겠으므로 피고 중 김마리아와 황에스더는 징역 5개년, 그 외 피고는 징역 3년을 구형한다.

제1공판에서 전날 시간이 늦어 변론을 하지 못한 다가바시·김우영·양대경·김의균 변호사는 다음날 오전 9시부터 12시 40분까지 변론하고 퇴정하였다. 이들은 무료로 변론을 맡아 일제 사법관의 판결에 적극적으로 대항하는 변론하였다. 이들의 활동은 공연히 부풀려진 것일 뿐 아무런 범행 활동도 하지 않은 것이나 마찬가지이니 집행유예가 마땅하다고 주장하였다.

6월 22일 오전 9시에 대구지방법원 제1호 법정에서 고미 재판장과 야마구치·다나카 두 배석 판사와 가와무라 검사가 열석한 가운데 언도 판결 법정이 열렸다. 그런데 이날 검사는 김마리아 외 8명과 이병철 외 5명의 성명만 점검한 뒤, 9월 29일 오전 9시에 다시 개정하겠다고 하여 언도를 연기하였다.

6월 29일 백신영은 인력거에 의지하여 법정에 출두하였으나 김마리아는 병세가 악화되어 출두하지 못했다. 이날 제1법정에서 대정 8년 (1919) 제령 제7호 및 출판법 위반으로 김마리아와 황에스더는 징역 3년, 장선희·김영순·이혜경·김원경은 징역 2년, 백신영·유인경·신의경·이정숙은 징역 1년형이 선고되었다. 김마리아를 비롯한 대한민국애국부인회 동지들은 제1심 판결 언도에 불복하고 대구복심법원에 공소하였다.

더 이상 병세가 차도가 없자 김마리아는 7월 1일 오후 8시 급행열차 편으로 상경하여 세브란스 병원에 입원했다. 백신영은 보통 병실에 입원하였으나, 고문 후유증으로 정신이상 증세가 있는 김마리아는 에스텝 간호원장이 쓰는 사실私室에서 따로 치료를 받았다. 김마리아는 세브란스 병원 의사 고명우에게 정밀 진찰을 받은 뒤 박계양 의사가 참여한 가운데 7월 8일 수술을 받았다. 고명우는 세브란스 의전 제3회 졸업생으로 큰 삼촌인 김윤오의 딸 세라의 남편으로 사촌 형부였다. 그 뒤 7월 26일 박계양 의사의 집도로 2차 수술을 받은 뒤에서야 위급한 상황을 넘겼다.

그 뒤 김마리아는 1920년 가을경 언니가 살고 있던 전남 광주로 내려가 2개월 동안 요양을 한 뒤에 그 해 10월 경 김마리아는 한양병원에 입원하여 집중적인 치료를 받았지만 병세를 그리 호전되지 않았다. 이런 가운데 1920년 12월 16일 대구복심법원에서 재판장 모리다森田秀治郎, 사토미里見寛二, 이토伊藤重三郎 판사가 배석한 가운데 제1심 공판이 열렸다. 대구복심법원 공판정에는 방청하려는 사람들이 몰려와 입추의 여지없이 방청석을 가득 메웠다.

그는 수술을 받은 지 5개월여가 지났지만 심한 두통 등 고문후유증에 시달렸고 음식도 거의 먹지를 못해 제대로 걸을 수 없는 지경이었다. 그럼에도 불구하고 김마리아는 아픈 몸을 이끌고 대구행 기차를 이용하여 두 명의 간호인에게 의지한 채 출두하였다.

"내가 아무리 죽게 된다 할지라도 내가 법정에 나가지 못하여 만일 나의 동지로 하여금 불이익한 영향을 미치게 한다면 안 되겠다는 생각에서였다."

하지만 그는 건강이 허락지 않아 판결이 있기 전 재판이 끝난 다음날 상경하였다. 12월 27일 대구복심법원 재판에 대한 판결 언도가 행해졌다. 판결은 1심과 동일하였는데, 다만 미결로 구류되었던 100일을 본형에 통산하였다. 김마리아와 백신영을 제외한 다른 동지들은 대구복심법원의 판결을 그대로 인정하고 대구감옥에서 복역하였다. 김마리아와 백신영은 판결에 불복하여 1921년 1월 22일자로 경성고등법원 형사부에 상고하였다.

그는 1921년 1월 31일 형사부에 출두하여 사실 진술을 하였고, 그해 2월 12일 상고 공판에서 경성복심법원으로 반환한다는 판결 선고를 받았다. 판결문 가운데 비밀 출판에 관계되는 중요 조항인 "관헌의 허가를 받지 아니하였다"라는 문구가 없다는 이유였다. 하지만 그의 징역 3년형은 그대로 유지되었다.

목숨을 건 상해로의 망명 04

김마리아가 1921년 4월 8일 경성지방법원 공소재판을 전후로 망명이 추진되었다. 그의 망명은 선교사 맥큔George Shannon McCune, 尹山溫의 지원과 상해임시정부의 치밀한 계획하에 이루어졌다. 맥큔은 1905년 선교사로 한국에 와서 평양 숭실학교 교원과 교장, 선천 신성학교 교장을 역임하는 등 기독교 교육 사업에 전력한 인물이다. 뿐만 아니라 그는 한국인의 독립운동도 적극 도왔는데 105인 사건에 연루되어 재판정에 서기도 했다. 1919년 3·1운동 때는 만세시위를 주도하였던 학생들을 자택에 숨겨 주었고 투옥된 독립운동가와 가족들을 돌봐주었다.

맥큔은 김마리아가 수감되자 병보석 운동을 전개하였고 가출옥 후에는 병실을 자주 드나들며 물심양면으로 원조와 위로를 아끼지 않았다. 이때 맥큔은 김마리아의 중국 망명을 간곡히 권고하였으며 김마리아는 수감된 동지들을 생각하여 주저하다가 망명을 결심하게 되었다. 이에

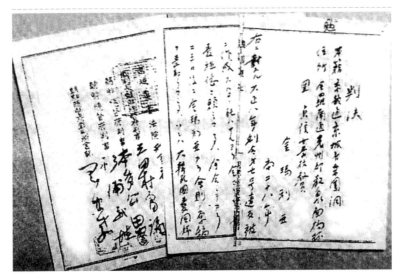

김마리아의 경성복심법원 판결문(1921년 5월 13일)

필요한 망명 비용 4천 원을 그가 부담하기도 했다. 훗날 김마리아가 미국으로 망명하여 유학생활을 하던 시절에도 맥퀸은 후견인이 되어 주었다. 그는 김마리아를 중국으로 망명시키는데 큰 역할을 하였다.

"김마리아를 살린다는 것은 조선의 애국정신을 살린다는 신념으로 김마리아를 중국으로 피신시키는 일에 전심전력을 기울여 성공시켰습니다."

한편, 상해임시정부도 김마리아를 망명시키기 위해 움직였다. 이와 관련하여 김마리아의 주선으로 뉴욕신학교를 같이 다녔던 유학생 정일형鄭一亨이 유학생 잡지 『우라키』(1932. 6)에 게재한 「김마리아론 : 다난한 망명 생활 공개장」이 주목된다.

성북동 어느 농가에서 치료하기는 다음 해 봄이었으나 경과가 불순不順하여 병세는 나날이 역전해 가며 폐병의 증세까지 합세되어 중태에 떨어져 임상臨床 의사가 땀 사발이나 흘리던 그 시절의 일입니다. 바로 이때외다. 외사촌이라는 척분戚分을 내세우며 한양병원을 비상히 출입하는 소장신사少壯紳士 한 분-그는 ××정부에서 특파한 윤응념尹應念 씨로 사람의 눈을 피해 가며 환자를 찾아들어 밤이 깊도록 무엇인지 권유도 해보며 설복을 꾀한 지 몇 달 만에야 그들의 구수회의鳩首會議는 마침내 성립을 보게 되었습니다.

김마리아에게 망명을 권유하고 설복시킨 인물이 임시정부 특파원 윤응념이라 기록되어 있다. 김마리아가 윤응념을 만난 것은 1921년 4월경 한양병원에서 입원중이었을 때다. 당시 윤응념이 중국인으로 변장하고 국내에 들어와 활동하였다. 그의 임무는 임시정부 경무국장 도인권都寅權의 가족, 군무부 참사 김붕준金朋濬의 가족, 김마리아 등을 상해로 망명시키는 것이었다.

윤응념은 맥퀸과도 인연이 상당히 깊어 맥퀸이 교장으로 있던 신성중학교 출신이다. 맥퀸은 평소 재목이 될 만한 학생을 중국의 기독교계 학교로 보내 영어 공부를 시킨 뒤 미국으로 유학보내곤 했다. 이에 선발된 윤응념은 중국 치푸芝罘에서 영어와 중국어를 공부하던 중 3·1운동이 일어나자, 유학을 포기하고 1920년 5월 상해임시정부에 들어가 교통부 참사로서 독립운동에 투신하였다.

윤응념은 김마리아의 외사촌이라고 칭하며 십여 차례 한양병원을 드나들면서 망명을 추진했다. 윤응념은 매우 진중하고 방문 약속 시간을 한 번도 어기지 않아 김마리아의 신뢰를 얻었다고 한다. 그리고 남들 시선을 피해 망명을 준비할 목적에 1921년 4월 중순경 한양병원에서 퇴원한 뒤에 요양을 핑계로 김근포金槿圃라고 이름을 바꾼 뒤, 성북동에 사는 박흥섭의 한적한 농가에 방 한 칸을 월 1원에 두 달 빌렸다. 집으로 오라는 언니의 권고에도 김마리아가 직접 방을 구하러 다닌 것은 망명 계획을 비밀리에 추진하고자 했기 때문이다. 이와 관련하여 김마리아가 망명 후 박흥섭을 취재한 『매일신보』의 1921년 8월 8일자 기사를 통해 그의 행적을 추적할 수 있다.

한 달 동안을 있는 중 항상 문안에 병 고치러 간다고 들락날락하여 실로 있기는 한 보름밖에 아니 되었습니다. 삼월 그믐께 이르러 …… 밥 지어 먹던 세간과 모든 것을 다 가지고 남대문 밖 병원으로 간다고 하더니 그 후는 일체 소식이 없었는데 지금으로부터 한 달 보름가량 전에 이부자리만 가지고 와서 하룻밤 자고 그 이튿날 병원에서 왔다 하는 인력거를 타고 간 후로 이제 소식이 없고 침구는 아직껏 찾아가지 아니하였으나 모 기장은 십팔구 세 된 아이가 가져갔습니다.

그 해 5월 23일 경성복심법원에서도 여전히 징역 3년형이 선고되자 다시 경성고등법원에 상고하였다. 아마 망명할 기회를 얻지 못하자 상고한 것이 아닌가 한다. 그 뒤 6월 20일 경성고등법원의 최종 판결이 내려지기 전후로 세브란스 병원에 다시 입원하였다. 더 이상 망명 시기를 놓쳤다가는 다시 투옥될지도 모를 일이었다. 이때 김마리아는 폐병을 앓게 되었고 의사로부터 해변 휴양을 권고 받았다. 이를 기회로 그는 고향인 황해도 장연군 해변으로 요양하러간다고 둘러대고 6월 29일 오후 4시 병원을 나서 인력거를 타고 망명길에 올랐다. 당시 김마리아의 심정과 경과에 대해서는 1925년 3월 2일자 『동아일보』에 게재된 「사랑하는 고국 형님들께」라는 기사를 통해 대략을 짐작할 수 있다.

만 3년 전에 세브란스 병원에 입원해서 치료할 때, 웬만하면 형님께 와서 정양하라고 몇 번이나 편지를 주지 않았습니까. 저도 형님들과 손을 쥐고 따뜻한 사랑을 받고자 했건만 근본적 치료를 받음에는 그것이 상책이 될 것 같지 못하여 곰곰이 생각하다 못해 멀리 떠나기로 결심을 했습니다. 형님들께는 물론 가장 끝까지 해주던 친구들과 친절히 간호해 주던 간호부들에게도 있는 포부를 발언하지 못하고 목적을 달성할 방법으로 연구하기 꽤 마음을 썩이다가 결국 6월 29일 오후 4시에 퇴원했습니다. 담임의사와 간호부에게는 어느 해변으로 정양할 뜻을 보였지요. …… 얼른 양산으로 얼굴을 가리고 인력거에 몸을 실었습니다. 그러나 그날 밤 1시에 만뢰가 고요하기를 기다려 정들고 사랑하는 한양을 설움의 눈물로 언제 볼지 모르는 이별을 지었습니다. 건강하지 못한 몸으로 모험적 여행을 했기 때문에 중로에서 자주 병이 나서 근 일삭 만에야 상해 땅을 밟았습니다.

당시 "얼른 양산으로 얼굴을 가리고 인력거에 몸을 실었습니다"라고 할 정도로 일은 긴박하게 이뤄졌다. 그는 곧바로 남대문 중국인거리로 가서 중국요리점에서 식사를 한 후 다른 중국인집으로 옮겼다. 여기서 중국옷으로 갈아입고 새벽 1시에 윤응념, 중국인 1명과 함께 자동차를 타고 인천을 향해 출발하여 6월 30일 오전 6시에 도착하였다.

인천에 도착한 김마리아는 중국인 집에 머물렀다. 그런데 그 집의 처자가 이를 싫어하여 중국인 목사 집으로 옮겨 1박하였다. 그를 내려주고 서울로 올라갔던 윤응념이 다음날 인천으로 돌아온 뒤에는 다시 조선옷으로 갈아입고 조선인 집으로 옮겼다. 일제 경찰에서 민족주의자에 대한 단속을 엄중히 하여 중국인 목사가 꺼리는 눈치를 보였기 때문이다. 김마리아는 조선인 집에서 5일간 머문 뒤에 독립운동가의 가족들 10명과 함께 어선에 올랐다. 이후 인천에서 중국으로의 망명과정은 정일형의 「김마리아론」에 자세히 실려 있다.

한 주일 유해가며 신병을 조섭하던 그 일행이 승야탈국乘夜脫國의 프로그램을 진행하는 날도 필시는 오고야 말았습니다. 인천 부두에서 중국 마님으로 변장한 2~3인의 부인네와 여러 명의 남성들이 일엽편주에 몸을 싣고 황해의 창광한 물결을 헤쳐 가며 수평선 저 너머로 외로운 그림자가 사라져 버렸습니다. 사흘이 지난 어느날 석양녘에 우연히 중국인의 큰 상선 한 척을 만나 수질水疾과 병고病苦로 중태에 빠진 젊은 새 조선의 일꾼을 옮겨 싣고 …… 한 주일 후 그들은 중국 땅 웨이하이웨이威海衛에 배를 정박하자 응급 수단을 가하는 일편, 어느 미션학교를 하나 빌려 병실과 호텔로 겸용하게 되니 이것이 이역한창異域寒窓에 병객의 몸으로 망명생활을 시작하는 제1막이었다고 하면 한낱 기적으로나 생각할 뿐이외다.

인천을 떠난 지 사흘이 지났을 무렵 중국인 큰 상선을 우연히 만나 배를 옮겨 탄 뒤에 일주일 걸려 7월 21일경 산둥 반도의 북쪽 끝에 있는 항구도시인 웨이하이웨이에 당도했다. 배가 출발할 때 김마리아는 언제 다시 밟게 될지 모를 고국산천을 바라보며 굳은 결의를 하며 입술을 깨물었다. 그러나 병약한 김마리아에게 거친 바다에서의 항해는 죽음을 담보로 하는 것이다. 김마리아는 도항 중 병고와 심한 뱃멀미로 거의 혼수상태에 빠진 일이 한두 번이 아니었다. 그때마다 준비해간 캄풀 주사로 고통을 달래야만 했다. 이렇게 사경을 헤매던 김마리아는 뱃머리에서 저 멀리 육지의 모습이 나타나자, 이제는 살았구나하는 생각에, 기쁨의 눈물을 흘렸다.

상해 망명과 임시정부 활동

인천을 벗어난 뒤 한 달 만에 웨이하이웨이에 도착하였지만, 김마리아는 탈진하여 몸조리를 위해 남고, 다른 일행들은 상해로 출발하였다. 2주일 후 상해에서 고모부 서병호徐炳浩가 임시정부 대표로서 김마리아를 맞이하러 왔다. 어릴 때 같은 동리에서 한 집안처럼 지내 늘 친정오빠 같았던 고모부를 만난 그의 감회는 남달랐다. 다소 몸을 회복한 뒤 고모부와 함께 북경을 거쳐 천진에 당도하였다. 천진에서 다시 배를 탄

지 꼬박 이틀이 걸려 상해에 도착하였다. 그가 망명길에 오른 지 한 달 만이었다.

일제 당국이 김마리아의 망명 사실을 알게 된 것은 웨이하이웨이에 도착하고도 여러 날이 지난 후였다. 일제 경찰은 병보석 중인 김마리아가 한국을 탈출했다는 사실에 당황하며 부랴부랴 7월 28일부로 김마리아 체포령을 내리고 행방을 찾았지만 헛수고였다.

망명에 성공한 김마리아가 상해에 도착하자 독립운동계는 여성독립운동이 더욱 활성화되고 발전할 수 있다는 기대에 부풀었다. 또 독립의 실현이 장기화되자 임시정부 설립 초의 역동성이 떨어지고 갈등이 일던 상해 전체 독립운동계에도 활기를 불어넣어 줄 수 있을 것으로 고무되어 있었다.

당시 상해에는 국내와 각지에서 모여든 독립지사들이 경제적 어려움 속에서도 독립을 위해 활동하고 있었다. 상해임시정부를 지원하는 단체로 애국부인회가 있었다. 여기에는 김마리아의 고모 김순애, 김마리아의 막역한 동지 정애경鄭愛卿, 상해 애국부인회장 이화숙, 국내 애국부인회 대표 김원경 등이 중심적인 역할을 담당하였다. 정부 요원으로 국내를 오가며 활동하는 김경희와 차경신이 있었으며, 이밖에도 이매리·김성기·정혜원·김옥연·김항신·손진실·양한나 등이 활동하고 있었다.

김마리아는 상해에 도착한 후 포석로蒲石路 14호 고모부 댁에 머물면서 김구례와 김순애 두 고모의 극진한 보살핌을 받았다. 고모부 집은 조그만 2층집이었는데, 큰고모는 아래층에, 작은고모는 2층에 살고 있었다. 김마리아는 비상악골 화농증으로 인한 심한 두통 때문에 단발까지

하고 치료를 받았다. 더욱이 치료 중에 심장병이 겹쳐 고모와 고모부들의 주선과 동포들의 후의로 3~4개월 동안 입원치료를 받아야만 했다. 병석을 헤맨 김마리아는 1921년 초겨울이 되어서야 겨우 원기를 회복할 수 있었다. 상해 애국부인회에서는 민족지도자의 망명을 대대적으로 환영하고자 했으나 그의 건강이 회복되지 못하여 연기를 거듭하다가 그해 11월 25일에서야 환영회를 개최할 수 있었다.

그런데 김마리아는 두 번의 참담한 고문과 감옥 생활로 얻은 후유증에 시달렸다. 증세가 다소 완화되었다가는 다시 심하게 재발하는 고통을 일생동안 반복되었다. 몸이 어느 정도 회복되었지만 김마리아는 독립운동의 일선에 곧바로 뛰어들지 않고, 실력을 쌓기 위한 학업의 길을 택하였다. 그가 믿는 광복의 목표는 대한의 모든 여성들을 교육시켜 남자와 동등한 국가 구성원이 되는 것이었기 때문에 여성 지도자로서의 실력양성은 절실하고도 필수적인 것이었다. 실력양성론은 그가 추진하는 독립운동의 주된 논리이자 이념이었다.

건강이 다소 회복되자 김마리아는 미국 선교사가 설립한 남경南京의 성경사범학교The Bible Teachers Training School에 입학하여 중국어 공부를 시작했다. 성경사범학교는 훗날 금릉대학金陵大學으로 바뀌었다. 그 뒤 김마리아는 1923년 1월 남경의 한인 여학생 40여 명으로 대한여자청년회를 조직하고, 회장으로 선출되어 활기찬 여성운동과 항일운동을 추진하였다.

한편 김마리아는 임시정부에도 참여하였다. 1922년 2월 18일 개최된 제10회 임시의정원 회의 이틀째 회의에서 신임 대의원 자격 심사안이 상정되었다. 이날 김마리아는 김구와 함께 황해도 의원에 임명되었다. 하지만 김마리아는 의정원 활동보다는 학업에 열중하였다. 그가 임시정부의 정치적 참여에 소극적이었던 이유는 첫째 건강, 둘째 교육을 통한 국권회복운동에 대한 그의 강한 신념, 셋째 무질서하게 어지러운 독립운동계의 현상을 목격하고 정치적 현실로부터 일단 거리를 두어 보자는 생각에서 비롯된 것으로 판단된다.

국민대표회의 참석과 활약

김마리아가 상해에 도착했을 당시 독립운동계는 여러 이유로 분열·갈등하고 있던 어려운 상황이었다. 상해임시정부를 해체하고 새로운 조직을 건설해야 한다는 창조파와 임시정부의 잘못된 점을 고치자는 개조파, 그리고 임시정부 유지를 주장하는 옹호파 등으로 분열되었다. 독립운동계가 임시정부를 둘러싸고 대립하게 된 것은 독립운동의 지역적 기반, 노선과 이념의 차이 때문이었다.

　창조파는 이승만과 그의 외교노선을 배격하면서 기본적으로 임시정부의 역할과 위치를 부정하는 입장이었다. 이들은 주로 북경과 노령 지역에 기반을 둔 박용만·신숙·문창범 등이 중심 인물이었다. 이에 비해 안창호·여운형·김동삼 등 임시정부의 정통성을 인정한 개조파는 상해와 만주지역을 기반으로 하고 있었다. 또한 창조파는 현실적인 군사방침을 수립하여 대일항전을 실행하고자 하는 무장투쟁 노선을 지향한 반면에 개조파는 임시정부 각원의 개선, 헌법의 개정 등 임시정부의 제도·운영의 개선을 주장하였다.

팽팽히 맞서던 양측은 대표자들의 조정을 거쳐 1922년 5월 10일 국민대표회준비위원회를 결성하였다. 추진 과정에서 경비 문제로 지지부진하다가 1923년 1월 31일 회의가 개최되었고 5개월간 진행되었다. 그러나 개조파와 창조파 간의 계속된 논쟁은 합의안을 도출하지 못하고 분열만 거듭하다가 결국 해산되고 말았다.

김마리아는 대한민국애국부인회의 대표 자격으로 국민대표회의에 적극 참여하였다. 국민대표회의 개막식에 참석한 김마리아는 안창호·강석훈·신숙 등 수백 명의 국민대표자 앞에서 개막 연설을 하였다. 그해 2월 23일 그는 대한민국애국부인회의 상황을 보고하였다. 이 기간 동안에도 그는 자주 몸이 아파 자리에 누워 신음으로 날을 새는 경우가 많았다. 이런 와중에도 3월 5일부터 시국문제 토론회가 시작되자 자신의 견해를 발표하고, 독립사상과 방책을 분명하게 제시하였다.

국내의 일반 인민은 상해에서 정부가 수립되었다는 말을 듣고 소수인의 조직이거나 인물의 선불선善不善을 불문하고 다 기뻐하여 금전도 아끼지 않고 적敵의 악형도 무서워하지 않았다. 혹 외지에서 정부를 반대하던 자라도 국내에 들어와 금전을 모집할 때는 다 정부 이름을 파는 것을 보아도 국내 동포는 정부를 믿는 증거이다. 정부를 안 팔면 밥도 못 얻어먹는다. 적은 가끔 정부가 몰락했다고 선전하여도 인민은 안 믿는다. 소수로 됨은 혁명시에 면할 수 없는 일이요, 인물은 변경할 수도 있다. 수만의 유혈로 성립되어 다수 인민이 복종하고 5년의 역사를 가진 정부를 만일

말살하면 소수는 만족할지 모르나 대다수는 슬퍼하고 외인外人은 의혹할
것이다. 잘못된 것이 있으면 개조하자.

그런데 회의가 거듭될수록 첨예하게 대립될 뿐 의견의 합치는 이루
어지지 않았다. 임시정부를 지지했던 김순애와 서병호조차도 임시정부
를 없애고 새로운 대표기구를 만들자는 창조론을 주장하는 상황이었다.
그러나 김마리아는 자신의 소신대로 끝까지 임시정부를 개조하여 독립
운동의 중심이 되어야 한다는 안창호의 개조론을 고수했다. 대한민국임
시정부는 수만의 유혈로 성립되었고 다수의 국민이 믿고 따르는 정부이
므로 잘못된 것은 개조해서라도 이 정부를 중심으로 통일된 독립운동을
해야 한다는 것이 김마리아의 기본주장이었다.

그러나 국민대표회의는 5개월의 난상 토론 끝에 결국 대표자들이
1923년 6월에 각각 자신의 활동지로 떠남으로써 결렬되고 말았다. 결
국 자신의 독립론을 실천하고자 국민대표회의가 결렬된 직후인 1923년
6월 21일에 미국 유학을 위한 제2 망명길에 올랐다.

캘리포니아 지역에서의 강연활동

김마리아는 1923년 6월 21일 중국여권을 가지고 미국유학을 위한 두 번째 망명길에 올랐다. 그는 자유와 문화 수준이 있는 안전한 미국을 택한 것이다. 그는 상해에서 윌슨호를 타고 하와이 호놀룰루Hawaii Honolulu에 도착했다. 이때 대한민국임시정부 의정원 의장 손정도孫貞道 목사의 딸 손진실孫眞實과 피취Fitch 목사가 동행하였다. 손진실은 음악공부차 미국유학길에 오른 것이다. 피취는 상해에서 선교사업의 일환으로 기독교 출판사업을 벌였는데, 음으로 양으로 한국독립운동을 도운 사람이다. 김마리아는 이들 도움을 받아 거친 바다에서 오랜 항해로 심한 뱃멀미와 무료함을 달랠 수 있었다.

윌슨호가 호놀룰루에 정박하자 하와이 이민교포들이 부두에 나와 그를 환영해 주었다. 하와이 애국부인회 회장이며 정신여학교 동창인 황혜수黃惠受가 주도하여 부두 환영회를 연 것이다. 배에서 내린 김마리아는 30분 정도의 연설로 감사와 격려의 마음을 전하였다. 황혜수는 정신여학교를 졸업 후 잠시 부산의 초량사립여학교 교사로 재직하고 곧바로 하와이로 이민와서 애국부인회를 조직하여 대한민국애국부인회의 지부 활동을 하여 군자금 2천 원을 모아 김마리아에게 송금하기도 했다.

김마리아는 '프레스댄스 피어스'라는 배로 갈아타고 마침내 1923년 7월 12일 샌프란시스코 항에 도착하였다. 그가 입국 심사를 마치고 나오자, 미주 대한인국민회 총회장 최진하崔振夏와 동지 정애경鄭愛卿 등이 미리 나와 반가이 맞이하며 위로와 환영을 해 주었다. 환영회를 마친 후, 손진실과 함께『신한민보』편집장인 백일규白一圭의 사택에 짐을 풀었다. 백일규의 부인 김낙희金洛姬는 정신여학교 3회 졸업생으로 1년 선배였으며 대한여자애국단 재무직을 맡고 있었다. 당시 미주에는 정신여학교 졸업생들이 적지 않게 활동하고 있었다. 김마리아는 정애경과 김낙희 등을 만나 미국에서의 첫 밤을 편안한 마음으로 보낼 수 있었다.

미국 교포들은 독립운동에 헌신하다가 일제의 체포되어 온갖 악형을 받고도 불굴의 의지로 감시망을 뚫고 상해로 탈출한 그의 행동과 용기에 박수를 보내고 존경에 마지않았다. 특히, 대한여자애국단 단원들의 열화와 같은 환영을 받았다. 대한여자애국단은 3·1운동 직후 캘리포니아 지역의 애국적 한인 여성들을 결집하여 조국 광복을 지원하였다. 이들의 노력은 1948년 해방될 때까지 지속적으로 이루어졌다.

샌프란시스코와 인근 지역의 교민들은 김마리아를 직접 만나보기를 원하여 초청 요청이 쇄도하였다. 대한여자애국단과 국민회는 곧바로 대대적인 환영회를 준비하였고, 새크라멘토Sacramento와 다뉴바Dinuba 등지의 교포들도 앞 다투어 환영 초대장을 보냈다. 하지만 워낙 건강치 못한 몸인데다 긴 여행에 피로가 쌓여 몸져눕고 말았다.

그는 십여 일이 지난 7월 22일 몸을 추스른 뒤에 샌프란시스코 대한 여자애국단이 개최하는 환영회에 참석하였다. 김마리아는 조국 독립을 위해 진정 필요한 것은 '실력양성과 독립의지의 통일'이라고 역설하였다. 그녀가 말하는 실력양성은 인재양성과 확고한 경제력을 의미하는 것이며, 독립운동은 독립운동가만이 하는 것이 아니라 각자가 자기가 처한 곳에서 자신이 맡은 바 일을 충성스럽게 하는 것이라고 하였다.

7월 25일에는 최진하 등과 함께 새크라멘토 환영회에 참석했다. 50여 명의 남여 교민들이 베풀어 주는 따뜻한 환영대회에서 김마리아는 다음과 같은 연설로 교민들의 애국의식을 고취하였다.

1919년 3월에 우리나라 독립운동을 시작할 때 해외에 있는 곧 미주에 있는 동포들의 힘을 믿은 이도 없지 아니하였었으며 곧 독립을 얻으리라 하는 이도 없지 아니하였습니다. 그러나 저는 생각하기를 이번에 독립은 못된다고 할지라도 이번 운동이 우리나라 독립의 한 기회는 되리라고 생각하였습니다. 그리하여 원수 왜놈한테 악행을 당할수록 더욱 활동할 마음이 생겼습니다. 내지 동포들의 독립의 열심은 아직도 식지 않고 늘 계속한다고 나는 봅니다. 현금 내지의 정형을 살펴보면 상업가는 상업에, 학생은 학업에 각각 근무하는 일이 이전에 비하여 배나 승하외다. 이것으로 우리의 실력을 준비하여 이 앞에 오는 독립을 기대하는 것이외다. 이제 여러분에게 부탁하는 말씀은 일하시는 분은 부지런히 일하여 금전을 많이 저축하시고 자녀가 있는 분은 공부를 시켜 주시고 공부하는 학생은 부지런히 공부하여 우리의 장래를 위하여 준비하는 것이 필요하다고 생각합니다.

그러나 이제야 각성이 생겼으니까 요다음 기회까지 기다릴 수밖에 없습니다. 오늘 독립한다면 법리상이요, 경제력이 아니요, 명의상이요, 실제적이 못 될 염려가 없지 않습니다. 언젠가 들으니까 미주에는 일개 대단체 안에서 전체 한인이 일치 행동을 하더니 1919년부터는 분열이 되어서 당파가 갈렸다 합데. 남은 무엇이라고 전하든지 나는 이것 역시 독립운동을 위해서 그리 된 것이라고 인정하고 원망하지 않습니다. 오늘은 대동단결의 절대 필요를 철저하게 깨달았으니까 사사 혐의를 버리고 서로 양보하고 자기를 희생해 가면서 단합하고 연후에 대내의 혁명 대신에 대외혁명에만 전 세력을 경주하기를 바라고 우리는 낙심을 멀리 하고 더욱 분발할 것이올시다.

그는 3·1운동을 통하여 그토록 염원하던 독립은 이루지 못했으나, 나라의 독립에 하나의 기회가 되었다는 긍정적인 평가를 하였다. 아울러 독립운동에서는 자신의 직무에 충실하면서 꾸준히 실력을 양성해야 하는 것이 무엇보다 중요하다고 강조하였다.

김마리아는 미국 내 독립운동단체의 분열을 일시적인 현상으로 인식하고 대동단결을 주장하였다. 이상의 연설에서 알 수 있듯이 김마리아의 독립론은 철저하게 '실력양성과 민족단결'을 기초로 한 것이었다.

다음날 샌프란시스코로 돌아와 잠시 휴식을 취한 후, 7월 28일에 다시 교민들이 기다리고 있는 중가주지방에 있는 다뉴바로 출발하였다. 8월 4일에는 샌프란시스코 한인교회와 대한여자애국단이 주최하는 환영회 겸 기념식에 참석하였다. 다음날인 8월 5일은 샌프란시스코 대한여자애국단 창립 5주년 기념일이었다. 김마리아는 항일독립운동의 진행 소식을 알고 싶어 하는 미주의 교포들을 위해 최선을 다해 설명해 주고, 미주 교포들의 의무와 권리를 일깨우고자 노력하였다. 이를 통해 미주 교포들은 독립운동에 대한 새로운 활력과 각오와 희망을 다질 수 있었다. 김마리아 역시 이들과의 만남을 통해 어떠한 역경에서도 좌절하지 않는 독립운동가의 입지를 확고히 하는 계기가 되었다.

1923년 8월 중순경, 한인 교포들이 가장 많이 거주하는 로스앤젤레스로 건너갔다. 큰형부 남궁혁의 도움으로 호텔에 거처를 마련하였다. 남궁혁은 미국 유니온신학교에서 박사과정을 밟고 있었다. 그러나 미국에 온 뒤 무리한 일정을 소화하다보니 건강이 다시 악화되어 한동안 병석에 눕고 말았다. 이때 최진하가 남부 캘리포니아 동포들의 생활을 살펴보고 돌아보는 길에 로스앤젤레스에서 직업소개소를 운영하는 교포 청년 박재형朴在炯과 함께 그의 숙소를 찾았다. 객지에서 병석에 누워있던 그에게는 이들의 방문이 큰 힘이 되었다.

다소 몸을 추스른 김마리아는 도산 안창호의 집을 방문하였다. 당시 안창호는 1923년 1월 상해에서 개최된 국민대표회의 부의장에 취임하였으나 창조파와 개조파의 극심한 대립으로 결렬되자, 대한독립당을 결성하고 중국 남경에 독립운동 근거지로서 이상촌 건설에 힘을 쏟고 있었기 때문에 만나지는 못했다. 다만 그의 부인 이혜련李惠鍊이 4남매와

도산 안창호와 함께(1925, 김마리아·안창호·차경신)

함께 살고 있었다. 너무 반갑고 놀란 이혜련은 그를 부둥켜안고 한참을 함께 울었다. 이혜련은 김마리아의 삼촌 김필순이 결혼 비용을 대줘 결혼식을 성대하게 치른 일화를 얘기하며 다시 한 번 고마워했다. 그는 이혜련의 정성어린 보살핌을 받고 조선인 채소 가게를 소개받아 점원으로 취직하기도 했다.

이곳에서 약 1년간 머물면서 필사원, 가사 돌보기, 도서관 사서 등을 통해 생활비와 학비를 벌었다. 그는 1923년 7월에 미국에 도착하였기 때문에 그해 9월 신학기 입학이 어려워 1년을 기다려야 했다. 그는 입학준비와 더불어 신앙생활을 통해 삶의 위안을 받았다. 그는 로스앤젤레스의 대표적 한인교회인 한인연합장로교회에 다녔다. 더욱이 1924년

1월 상해에서 독립운동을 펼치던 그의 후배 차경신이 미국으로 건너온 뒤로는 어려움을 함께 나누었다. 차경신은 정신여학교 7회 졸업생으로 일본 요코하마橫濱여자신학교에서 공부하다가 1919년 2·8독립선언 후 김마리아와 함께 국내로 밀입국하여 활약하였고, 다시 만주와 상해에서 독립운동을 전개하였다.

파크대학의 수학과 생활

김마리아는 1924년 9월 파크Park대학에 입학하였다. 파크대학은 로스앤젤레스에서 상당히 멀리 떨어진 미국의 중부 미주리주의 캔자스시에 접한 파크빌에 소재한 학교이다. 그럼에도 그가 굳이 파크대학을 선택한 것은 학교의 교육방침, 해외선교사업을 통한 한국독립운동의 지원, 맥큔George S. McCune의 역할 등이 작용하였기 때문이다.

파크대학은 1875년 북장로교 신자인 존 맥카피John A. McAfee와 파크 George S. Park 대령이 설립한 대학이다. 대학의 기본 교육방침은 장로교 정신을 구현할 수 있는 자력 능력을 갖춘 인재를 키워내고 미국 북장로교 선교부의 해외 선교사업을 적극 지원하는 것이었다. 이에 가난하지만 유망한 학생들에게 일하면서 공부할 수 있는 기회를 제공하고자 했다. 즉, 하루에 3시간씩 교내 노동을 통해 숙식비와 학비를 스스로 충당하도록 했다. 이는 「김마리아가 고국의 친구에게 보낸 편지」에서 확인할 수 있다.

내가 지금 다니고 있는 이 파크대학은 미주 중앙이다. 북장로교회의 경영인 남녀공학하는 학교이며 생도는 500여 명이니 과히 큰 학교는 아니다. 내용은 충실하고 자랑할 만하다. 반공별半工別 학교니 매일 세 시간씩 일하여 숙식을 얻는다. 너 나 할 것 없이 다 일하니 노동도 신성해 보인다. 유쾌한 생활이다. 나는 돈 없음도 이유일지 모르거니와 우리나라에는 이런 학교가 절대 필요함을 알고 실제로 체험코자 들어왔다.

－『조선일보』1925년 5월 22일자

그가 파크대학에 입학하게 된 것은 매큔의 역할이 컸다. 맥큔은 파크대학 졸업생으로 설립자의 딸인 헬렌 맥카피Hellen McAfee와 결혼 후, 1905년 미국 북장로교 해외선교사로 한국에 파견되었다. 매큔 부부는 한국에 부임하자 평양에서 4년간 한국어를 배우고 이미 한국에 건너와 기독교 중등학교 교장 베어드Baird를 도와 여러 선교학교를 통합, 재조직하였다. 매큔은 1909년 선천의 신성학교 교장에 취임하여 파크대학의 반공별 교육을 실천하며 학교를 발전시켰다. 뿐만 아니라 그는 한국의 독립운동을 음으로 양으로 돕기도 했다.

이에 김마리아는 익히 맥큔을 알았으며 그가 상해로 망명할 때 큰 도움을 받기도 했다. 이러한 인연으로 김마리아는 파크대학에 입학하고자 했고, 입학원서에 자신의 보호자를 '맥큔 박사'라 적기도 했으며, 맥큔은 파크학장에게 추천서를 보내기도 했다.

김마리아의 파크대학 입학준비는 1924년 5월 이전부터 시작되었다. 로스앤젤레스 샌화킨 장로교회 소속의 한인 목사 한성권이 1924년 5월

29일자로 마리아의 입학 추천서를 써서 파크대학에 보냈다. 그리고 8월 10일자로 입학 동기와 자신의 열망, 졸업 후 진로 등을 밝힌 자필 편지와 입학원서를 파크대학 학장인 호올리 박사 앞으로 보냈다.

존경하는 호올리 박사님께

저는 기독교 교육받기를 열망하는 한국 소녀입니다. 그래서 파크대학에 입학하고자 입학원서를 씁니다. 맥큔 박사와 또 다른 사람들을 통해 파크대학은 집이 가난하여 학교에 갈 수 없으나 일을 해서 학교를 마치려고 하는 수많은 젊은이들을 위해 훌륭한 사업을 하고 있다고 들었습니다.

저는 고국에서 파크대학을 졸업한 몇 선교사를 알아 왔는데, 언제나 그들을 존경하며 그들이 다닌 학교에 저도 다니기를 희망해 왔습니다. 저는 남의 경제적 도움 없이 혼자 힘으로 공부하는 학생입니다. 이러한 경제적 결핍을 이유로 학장님께서 저의 입학 허가를 거절하시지는 않을 것이라 믿습니다. 저는 한국에서 고등학교를 졸업한 뒤에 일본에서 5년 동안 공부했습니다. 학장님께서 허락하신다면 이번 가을에 귀교에 입학하기를 희망합니다.

저는 장로교인이며 기독교 사업과 같은 것에 관심이 있습니다. 그러므로 저의 계획과 목적은 기독교적 영향으로 학생의 생활과 인격을 형성하고, 기독교적 지도력을 기르는 파크대학과 같은 학교에서 저 자신을 훈련하고 자질을 갖추는 것입니다. 그러한 품성과 지도력은 세계 도처에서 요구되고 있고, 특히 저의 조국에서는 더욱 요구되고 있습니다.

Los Angeles, Calif.
Aug. 10, 1924

President F. W. Hawley,
Park College,
Parkville.

My dear Mr. Hawley;

I am a Korean girl desirous of getting a Christian education and hereby making my application to you for entrance to Park College.

Through Dr. George S. McCune and others I have heard a great deal of Park College which is doing wonderful things for hundreds of young people who are too poor to go elsewhere but are willing to work their way through school. I have known several missionaries at home who are Park College graduates whom I always admired and wished to attend the same school which they attended. I am a self-supporting student myself and I trust that you would not refuse my admission because of lack of means.

After I graduated my high school course in Korea I have studied in Japan for five years. I hope to enter your College this fall if you will kindly take me in.

I am Presbyterian and interested in some form of Christian work. It is my plan and purpose, therefore, to train and equip myself in such an institution like Park College where the Christian influence is molding the life and character of student and making them for Christian leadership which is in a great demand everywhere, especially in my native country.

Will there be such a chance for me, too?

More sincerely yours,

Mari Kim.

김마리아가 파크대학 학장 호올리 박사에게 보낸 편지(1924년 8월)

저에게 이러한 기회가 있겠지요?

지극히 신실한 김마리아 올림

파크대학의 입학원서는 20여 가지 항목이 문답형식으로 되어 있었다. 자필로 작성한 마리아의 입학원서를 보면 키와 몸무게는 약 155센티미터에 약 51킬로그램이고 건강은 양호하다고 기록되어 있다. 입학목적에 대해서는 '기독교인으로서의 자세를 준비하기 위해서'라고 적었다. 또한 김마리아가 학장에게 보낸 편지에도 바람직한 기독교 교육자로서의 포부도 잘 나타나 있다. 그는 기독교적 지도력을 길러 조국의 젊은이들을 가르치는 데 이바지하려는 분명한 목적이 있었던 것이다.

휴론대학 학장이었던 맥퀸도 1924년 8월 27일자로 파크대학 학장에게 마리아를 추천하는 편지를 보냈다.

한국에서 그보다 더 훌륭하고 알려진 사람은 없습니다. …… 그는 일본에서 5년간 지냈는데 성적이 85점 이하가 없이 거의 90점 이상입니다. …… 우리 모두가 이르기를 그는 우리가 이제껏 알았던 기독교인 중 최고입니다. 극렬한 박해 속에서도 그는 박해자를 위해 하나님께 간구했습니다.

맥퀸은 최상의 표현으로 그를 칭찬하였다. 맥퀸은 그를 진정으로 완벽한 최고의 여성으로 생각하고 자신 있게 추천하였던 것이다.

김마리아는 파크대학에 1학년이 아닌 3학년에 편입하기를 희망하였다. 그의 나이도 다른 학생들보다 열 살이나 많은 33살이었다. 그는 예전에 3년간 교사로 봉직하였고 일본 동경여자학원 5년을 졸업했으며, 중국 금릉대학에 1년 다녔으므로 3학년의 학력이 충분하다고 주장하였다. 하지만 이를 뒷받침할 만한 서류를 갖추지 못했다. 일단 마리아는 학년 문제가 해결되지 않은 채 입학이 허락되어 9월 7일에 파크대학에 도착했다.

학년 문제와 관련해 맥큔은 9월 24일자로 파크대학의 담당 교수인 샌더Saunder에게 서류는 구할 수 있는 대로 속히 보낼 것이고, 미국 대학의 3학년 입학에 아무런 하자가 없다며 조건 없이 입학시켜 줄 것을 부탁하였다. 맥큔은 편지 말미에 자신이 "마리아의 지위와 인격을 100%로 보증한다"고 썼다. 미국 대학 학장으로서 드물게 추천인의 인격을 완벽하게 보증한 것이다.

이에 대학 측에서는 10월 8일자로 마리아를 특별학생으로 입학시키고, 그의 학습능력 상황을 보아서 다음 학기부터 3학년으로 인정하겠다는 내용을 맥큔에게 알렸다. 그 뒤 맥큔은 북장로교 선교사들에게 연락을 취하여 한국·일본·중국에서 학력 및 성적 증명서를 수합하여 파크대학으로 보냈다. 그 결과 김마리아는 1924~1925년도 두 학기 동안 수강과목 총 17과목에 72학점을 취득하였는데, 성경·영어·생물·화학·가정·수학·체육·철학을 비롯하여 일어·중국어 등 2개 외국어는 이수학점을 인정받게 되었다.

실제 그가 수강한 과목은 교육학·종교교육학·심리학·사회학이었다. 1925~1926년도에는 영어·교육학·종교교육학·경제학을 수학하

全 瑪利亞. 小科五年畢業成績

Maria Kim - High School Record,

講読 3 hours Reading (Jap.) 75   Graduating Year
文法 1 hr. Jap. Grammar   87
習字 1 hr. " Writing   88
漢文 1 hr. Chinese   93
数学 3 hrs. Mathematics   100
歴史 2 hrs. History   100
物理 2 hrs. Physics   94
家事 2 hrs. Domestic Science   91
図画 1 hr. Painting   88
裁縫 2 hrs. Sewing   90
地文 2 hrs. Physical Geography 92
英語 10 hrs. English - Excellent (Record lost in
                              earthquake.)

以上 證 明ス

大正十四年十月廿六日

女子學院

Joshi Gakuin.

Lisa S. Helsy
Treasurer.

Janie Mitani
Dean.

1925년 10월 일본 동경여자학원에서 발급받은 김마리아 5학년 졸업성적표였고, 철학과 심리학을 각각 1학점씩 이수하였다. 성적도 전 학기에 비해 월등히 좋아졌다. 종교교육학·심리학·경제학 등은 90~94점의 고득점을 받았다. 1926~1927년도에는 사서교육·대중연설·회계교육·철학·일어 등을 수강하여 우수한 성적을 받았다.

그런데 3학년 편입학으로 이수과목이 부족했던 탓인지 미주리대학교에서 1926년 여름 계절학기를 수강하였다. 신청과목은 일반 사회학, 고등학교 경제교육, 고등학교 정신교육, 사회범죄학이었다. 너무 과중했는지 사회범죄학은 이수하지 못하였다. 이를 통해 본다면 김마리아는 교육과 관계되는 과목과 한국 사회를 인식할 수 있는 사회학·심리학 등의 과목을 이수하였다.

김마리아는 눈코 뜰 새 없이 분주한 가운데서도 비교적 잘 적응하면서 보람된 나날을 보냈다. 정신여학교 동창인 이선행李善行이 함께 수학하여 서로 의지가 되었다. 힘들지만 자신의 손으로 벌어 공부해 보겠다는 강한 의지를 보였고, 이 같은 생활을 보람 있게 생각하였다. 그가 고국의 형님들에게 보낸 편지에 그의 심정이 그대로 담겨 있다.

사랑하는 고국 형님
너무 노래간만에 글을 올리려고 책상을 대하니 드릴 말씀은 많고 마음이 갑갑해서 앞뒤 두서를 가릴 겨를이 없습니다. 발 없는 세월은 어느덧 빨리 가서 형님들께서 이 동생이 폐인이 되는가 하고 애달파 하시며 간병해 주심을 받던 것도 벌써 삼년 반입니다. ……
언제나 우리 민족은 궁경에 있지만 특별히 금년에는 더한 모양이올시다

그려. 혹시 『동아일보』를 얻어 보면, 홍수와 가뭄의 침해로 기근을 참다 못해 자살한다는 기사가 종종 있으니 날과 시간이 갈수록 형님들의 안부 가 더욱이 클클하외다. 깊은 겨울, 찬 바람, 깊은 눈 속에서 헐벗고 굶주 려 울고 떠는 동포의 참혹한 현상이 눈앞에 보입니다. ……

작년 6월 21일 상해에서 출범하여 7월 11일 – 열 하룻날에 상항[샌프란시 스코]에 안착하였습니다. 그래 날씨 좋기로 유명하고 동포들이 많이 거주 하시는 가주[캘리포니아]에서 일 년 동안을 잘 지냈고, 올해 9월에는 미주 리 주에 있는 장로교회가 경영하는 파크대학에 입학하여 재미있는 생활 을 하고 있습니다. ……

맛있는 음식을 대하며 부드러운 의복을 입고 화려한 자연과 인조적 경개 를 구경하며 폭신폭신한 침석에 누울 때마다, 현재의 경우를 즐김보다 멀리 본국과 서북간도와 원동에 계신 동포 형제들의 정형이 먼저 눈에 보이며 남들이 자는 밤에 뜨거운 눈물로 베개를 적심도 수가 없었습니 다. ……

돌아가서 조국강산을 다시 밟고 굶주림과 쓰리고 아픔을 형님들과 같이 하려고 합니다.

해내외를 물론하고 우리 민족은 좋지 못한 지위에 있으며 당하는 고생은 경우와 형편으로 따라 거진 일반이니 이것이 무슨 이유일까요. 제가 보 는 대로는 없는 것이 이유라고 합니다. 종교가·정치가·철학자·미술가· 교육가·병학가·문학가가 모두 없으며 금전이 없다고 봅니다. 자기의 천 직을 다하는 남녀가 없습니다. 입과 붓으로 일은 하되 실천궁행하는 이 가 없는 듯합니다. ……

남들의 살림살이를 보니 이상이 실현되었습니다. 한 가지 예를 들어 말씀하면, 여자는 남녀동등, 여자해방을 말함보다 실제로 남자와 같은 학식을 가졌으며 같은 일을 합니다. 우리의 처지를 생각하면 신념을 맞음이 무엇이 그리 기쁘고 즐거우리까만, 과도시기에 처한 우리로서는 이런 경우를 피하지 못할 바이며, 우리의 처사에 따라 후손 존영에 관계된다 함을 깊이 새겨 잊지 아니하려고 합니다. ……

1924년 12월 1일

미국 파크대학에서 동생 마리아 상서

고국의 친구에게 보낸 편지에는 나이 든 학생으로서 일과 공부를 겸하기가 힘겨웠음을 토로하기도 하였다. 그의 건강과 벽찬 학업 과정으로 볼 때, 일과 공부를 병행하는 학교생활을 감당하기 어려웠던 것이다. 1924년 11월에는 건강이 좋지 않아 1주일간 입원하여 치료를 받기도 하였다. 결국 외부 장학금 같은 경제적 지원을 받지 않고는 사실상 학업을 계속하기 어려운 형편이었다. 이에 1925년 1월 26일 학생장학보조부 부장 앞으로 장학금을 신청하였고, 4월 24일에는 시카고대학의 장로교 학생 담당 목사인 데오도르 칼리슬Theodore M. Carlisle의 소개로 150달러 대여를 위한 로터리 대부Rotary Loan를 신청하기도 했다.

한편, 김마리아는 자신을 지원해 주는 사람들에게 작금의 형편과 근황을 알리는 편지를 보냈다. 이에 1925년 5월 22일 스코필드 박사는 파크대학 학장에게 편지를 보내, 김마리아가 일본 경찰의 고문으로 건강이 나빠져 일과 공부를 병행하는 것이 무리라며 자신이 생활비로 매달

Candidates for the Five-year Certificate in Education

Helen Dunlap Agnew
Sarah Esther Bostwick
George Henry Carey
Bertha Wight Crichton
Elizabeth Abercrombie
           Crichton
Marion Louise Ehrstein
Martha Susan Findlay
Dorothy Beatrice Geiger
Mary Christine Hartman
Georgee Helen Hash
Ann Priscilla Holmes

Genss Jackson
Clara Mae Jannuzi
Ethel Estelle Kenower
Margaret Marie Logan
Charlotte Louise Mann
Amy Rebecca Milligan
Elizabeth Jane Polk
Eloise Pumphrey
Elbert W. Ringo
James Giles Theilmann
Hazel Belle Ward
Jean Elizabeth White

Candidates for the Life Certificate in Education

Bessie Mae Bonn
Barbara Brown
Dorothy Deaver Cutler
Sarah Frances Davis
Louise Ellen Farha
Rhoda Casandra
           Fredricey
Grace Giblin

Richard Wormington
           Jennings
Hel n Aileen Johnson
Ma ia Chinsang Kim
Jan e Hess Long
Hazel Morrow
Iris Lenora Polk
Marion Virginia Ross

Helen Lovicia Sweet

The Award of Honors and Prizes

I. SCHOLARSHIP

Election to membership in Alpha Delta, the local Honor Scholarship Society.

Margaret Elizabeth
           Whiteside
Bertha Wight Crichton
Jennie Elizabeth Moody

Martha Susan Findlay
Helen Goodnight Spencer
Marion Virginia Ross
Helen Dunlap Agnew

FINAL HONORS

1. High Honors are awarded to students who on graduation have a minimum of sixty semester hours of "E"

김마리아가 받은 평생교사자격증. 자격증에는 김진상(Maria Chinsang Kim)이라 기록되어 있음

30불씩을 보내겠으니, 여름방학이나 공휴일 같은 때만 일할 수 있게 해 달라고 부탁하였다.

김마리아는 자신의 끊임없는 노력과 후원해 주는 여러 사람의 보살 핌 속에서 마침내 1927년 5월 평생교사자격증과 함께 영광된 문학사 졸업장을 받았다.

시카고대학의 수학과 생활

파크대학을 졸업한 김마리아는 시카고대학 대학원에 진학하여 사회학 과 교육학을 전공하고자 했다. 그가 왜 시카고대학을 선택했는지는 정 확히 알 수 없다. 다만 몇 가지 사실을 근거로 추정해 볼 수 있겠다. 우 선 시카고대학의 사회학과는 미국 내에서도 알아주는 최고 수준의 학과 였다. 게다가 마리아에게 깊은 관심을 가지고 로터리 대부를 신청하게 해 준 데오도르 칼리슬 목사가 있었다. 또한 상해에서 함께 도미한 손진 실과 3·1운동 때 함께 옥고를 치른 박인덕뿐만 아니라 많은 한국 학생 들이 시카고에 유학하고 있었다. 이러한 여러 가지 이유로 김마리아가 시카고로 온 게 아닌가 짐작된다.

김마리아는 시카고대학에서 정규학생이 아닌 대학원과정에 준하는 연구학생으로 수학하면서 대학 도서관에서 일하였다. 때문에 파크대학 시절보다는 다소 시간적 여유를 가질 수 있었다. 이 무렵 김마리아는 한 인 유학생 사회의 지도자로서 지도력을 발휘하는 소중한 경험을 하게 되었다.

당시 미국의 한인유학생들 대부분은 '한국학생연맹'(북미대한인유학생총회)이란 단체에 가입, 활동하고 있었다. 이 단체는 미국 내 한인유학생 단체 중에서 가장 대표적인 조직으로 로스앤젤레스의 서부지부, 시카고의 중서부지부, 뉴욕의 동부지부 등을 두고 활동하였다. 마침, 1927년 6월 15~18일 시카고의 방케Banqute 호텔에서 한국학생연맹 중서부지부 제5차 연례대회가 열렸다. 이 때 그도 처음으로 모임에 참석하였다.

파크대학 졸업 당시 김마리아(1927)

대회에서 가장 주목되는 점은 유학생들의 그룹별 토론이었다. 토론 주제는 첫째 국내 정치적 문제들, 둘째 국외 정치적 문제들, 셋째 한국 선교사업에서 무엇을 할 것인가 등이었다. 김마리아는 제2주제 진행위원장을 맡아 열띤 토론을 이끌었다. 이후 마리아는 모임 핵심임원이 되어 활발한 활동을 전개하였다.

뉴욕에서 근화회 조직

김마리아는 시카고대학에서 1년간 연구학생으로 수학하고 1927년 말경 뉴욕으로 갔다. 콜롬비아대학교 사범대학원의 입학 허가를 받아 놓았기 때문이다. 뉴욕은 미국 동부의 중심지로서 한국 유학생들도 많았고 교포들도 많이 거주하고 있었다. 그런데 뜻밖에 그곳에서 옛 동지들을 만나게 되었다. 대한민국애국부인회에서 함께 활동하다가 체포되어

시카고대학 재학 당시 김마리아(1927)

투옥생활을 했던 황에스더 등이었다. 황에스더는 그와 만남을 무척 감격스러워했다.

"뉴욕 생활에서 대서특필한 사건은 에스더가 그의 피로써 맺어진 동지 김마리아를 만난 일일 것이다. 그들은 옛날을 회고하며 새로운 우정을 돋워 갔으나, 에스더가 반은 고학하는 처지였으므로 맘껏 이야기하고 즐길 수 있는 기회를 얻지 못하고 말았다."

이들과의 만남은 그의 가슴에 독립운동에 대한 불을 지폈다. 게다가 1927년 고국에서 여성단체인 근우회槿友會가 조직되었다는 소식은 그를 더욱 자극했다. 김마리아는 1928년 1월 1일 뉴욕에 있는 여자유학생들을 모아 근화회槿花會(일명 재미대한민국애국부인회)를 조직하였다. '근화'는 조국을 상징하는 나라꽃 무궁화이다. 당시 근화회 취지문을 통해 재미 한인 여자유학생들의 의식의 일면을 엿볼 수가 있다.

「근화회 조직 취지문」

오늘 저녁 우리가 모인 취지는 정월 일일에 조직된 근화회가 이러하다 하는 것을 여러분께 말씀하려 함에 지나지 못합니다. 얼마 전에 본국에 있는 저의 어린 조카가 자기 아버지께 동전 한 푼을 얻어 가지고 그것으로 노비를 하여 생전에 보지도 못한 미국에 있는 이 이모를 보러 온다고 했답니다. 그때 그 애보다 지식이 좀 든 형들이 그애의 철없음을 웃었다고 하는 소식을 들었습니다. 마찬가지로 사천년 혹은 반만 년의 교육을 받으신 여러분들이 겨우 대문 밖에도 다른 사람이 있다고 하는 것을 알게 된 지도 30년이 될까말까 하는, 지식적으로 어린 누이들이 하는 것을 보실 때 웃으실 만한 것도 많을 것은 우리도 아는 바입니다. 경험이 없고 배운 바가 적기 때문에 우리의 생각하는 것이던지 또는 원만한 효과를 얻을 수 있게 조직적으로 일할 줄은 모르되 나라를 사랑하는 붉은 정성, 사회를 위해 무엇을 해보겠다는 간절한 뜻만은 여러분에게 양보할 마음이 없습니다.

수효가 적은 여자로서 더욱이 오늘과 내일의 일정한 주소가 없는 미국 안에 있는 우리로서 단체적 생활 혹은 단체적으로 무슨 일을 함에 어려운 점을 보지 못하는 바가 아니나 그렇다고 아무것도 안하는 것은 너무나 무책임하고 또한 이와 같이 자유로운 땅에서 서로 마주앉아 우리의 사정을 걱정이라도 하는 것이 우리의 할 일이 아닐까 해서 이 근화회를 조직했소이다.

본 회의 목적 중 민족적 정신을 고취하며 한 데 대하여 민족적 정신하면 시대에 뒤떨어진 민족주의를 주장하는가 하며 혹은 생각하실 이도 계실지 모르나 우리의 의미하는 바는 그것이 아닙니다. 우리는 경우가 경우이기 때문에 애국심은 누구나 다 많습니다. 그러나 일에 열중할 때는 국가의 요소 중에 가장 긴요한 민족을 사랑하는 마음이 등한해지고 무엇을 표방하는지 알지 못하게 될 때가 많습니다. 그래서 민족을 사랑하는 마음을 더욱 길러 볼 수가 있으면 하는 것이 우리의 본의입니다. 어린 아이가 태어날 때 어떠한 좋은 본성과 부모의 훌륭한 성격을 유전했다 할지라도 그 주위 환경과 교육의 영향이 그 인재양성에 어떠한 관계가 있음은 누구나 아는 바와 같이 그 나이 어린 아이가 이 뉴욕 사회 환경에 태어났으니 이 아이를 잘 길러 주시고 쓸 만한 아이로 만드는 데는 여러분에게 적지 않은 책임이 있는 것으로 생각합니다.

우리는 무슨 큰 사업을 하지 못한다 할지라도 우리의 마음만은 크게로는 국가와 사회로 또한 가까이 있어서는 특별히 뉴욕 사회에 적은 봉사라도 할 수 있었으면 하는 것이 우리 일반 회원의 원인 동시에 근화회의 이상인즉 어떠한 단체에서든지 우리의 적은 힘이라도 소용된다고 생각하시는 때는 주저하지 않고 불러 주시면 우리의 힘 미치는 것이면 단체로나 개인으로나 즐겁게 응하려고 합니다.

근화회의 조직과 활동 목적은 다음과 같다.

첫째, 조국 광복의 대업을 촉진하기 위하여 재미한인사회의 일반운동을 적극 후원함

둘째, 여성동포의 애국정신을 고취하여 대동단결을 이루고, 재미한인사회운동의 후원세력이 됨

셋째, 재미한인의 선전사업을 협조하되, 특별히 출판과 강연으로 국내정세를 외국인들에게 소개하는 일의 일부를 담당함

그 목적을 달성하기 위해 실업부·교육부·사교부 등 3부를 두어 사업을 체계적으로 추진하고자 하였다.

실업부 : 지방에서는 상업기반을 설치하며 해내·해외에 널리 있는 같은
목적을 가진 각 부녀단체와 연락하여 여자계의 실업을 장려함
교육부 : 토론·강연회를 소집하고 인재를 양성하며 교육기관을 설치하
여 여자교육 발전에 주력함
사교부 : 본 회원 간에 친목을 도모하고 우리 동포 간에 대동단결의 기운
을 도우며 외국 사람에게 우리 사정을 소개함

임원진은 회장 김마리아, 총무 황에스더, 서기 이선행, 재무 남궁쪼
애안, 실업부 황에스더·안헬린·윤원길, 교육부 김마리아·김애희·주
영순, 사교부 박인덕·림메리·류동지 등으로 구성되었다. 옛 동지들과
함께 젊은 여학생의 절묘한 조합이었다.

1928년 2월 12일 오후 8시 뉴욕 한인교회에서 근화회 발회식이 성
대히 열렸다. 식장에 태극기와 근화회기를 내걸고 벽 전체에 무궁화를
만들어 장식하였다. 회장이 임석하자 참석자 일동이 애국가를 부르며
개회하였다. 그 뒤 회장 김마리아가 개회사와 함께 근화회 조직 취지를
설명하였다. 발기식에 남성계의 대표로 홍득수와 임호가 참석하여 근화
회는 뉴욕 사회의 영광이라고 찬사를 보냈다.

근화회는 조국광복을 위하여 여성들도 당연히 평등한 활동을 해야
한다는 원대한 이상에서 출발하였다. 하지만 뉴욕에 동포들의 왕래는
많았으나 대부분이 노동과 학교 등을 위해 잠시 머물렀기 때문에 상시
거주자가 적었다. 총무인 황에스더도 1928년 여름 펜실베니아를 거쳐
한국으로 돌아갔다. 다른 임원들도 뉴욕에 잠시 머물다가 타지로 떠나

는 등 유동이 심해 활발하고 다양한 활동을 펼치기 어려웠다.

콜롬비아대학교 사범대학원 수학과 생활

1928년 가을, 김마리아는 콜롬비아대학교 사범대학원 교육학과에 입학하였다. 9개 항목의 입학원서를 보면 마리아와 관련된 흥미로운 부분이 많다. 제1항목 이름 난에는 'Kim Maria Chinsang'이라 기재되어 있다. 'Chinsang'은 중간 이름에 해당하는데, 파크대학 졸업 당시 받은 평생교사자격증 획득자 명단에 처음 등장하였다. 훗날 흥사단 입단 서류를 보면 자신의 이전 이름을 '상진常眞'이라 썼다. 이는 부모가 지어준 원래 이름이다. 1906년 15세 이후 세례명인 '마리아'를 쓰다가 미국에서 공부하면서 자신이 한국인임을 분명하기 밝히기 위해 사용하였던 것이다. 다만 영문자로 'Chinsang'로 표기한 이유는 정확히 알 수 없다.

입학원서 제2항은 출생 연도인데 기재하지 않았다. 제3항은 집 주소로 '한국 평양'이라 기재하였다. 그의 언니가 평양에 살고 있었기 때문인 것으로 보인다. 제5항의 입학허가 희망 연도에는 '1928~1929년'이라고 기재하였다. 실제 그는 1928년 9월에 입학하여 1929년 6월에 (교육)행정학을 주전공으로 하여 석사논문을 쓰지 않는 석사학위를 취득하였다. 이 무렵 그는 안창호의 흥사단에 제228 단우團友로 입단하였다.

김마리아는 파크대학 시절부터 교육학과 사회학 등에 관심을 가지고 집중 수강하였다. 콜롬비아대학교 사범대학원의 수강과목 역시 이러한 일관성에서 크게 벗어나지 않았다. 이렇듯 김마리아는 콜롬비아대학교

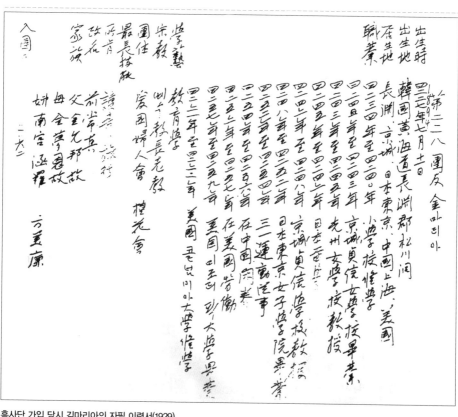

흥사단 가입 당시 김마리아의 자필 이력서(1929)

에서 수준 높은 다양한 교육학 계열의 과목들을 이수함으로써 장차 학교 경영 관리자로서의 소양을 쌓아 나갔다. 그가 1928년 가을학기에 이수한 과목은 미국교육, 고등학교장론, 소도시 학교론, 유럽교육, 사회심리학 등이었고, 1929년 봄 학기에는 미국교육, 교육철학, 공립학교 정신위생, 농촌교육, 위생학, 교수법 이중 언어교육문제 등을 이수하였다.

콜롬비아대학 사범대학원 졸업 당시
김마리아(1929)

콜롬비아대학교 사범대학원에서 석사학위를 취득한 김마리아는 1929년 9월 뉴욕신학교Biblical Seminaey in N.Y.에 입학하여 종교교육학을 공부하였다. 마리아의 신조는 기독교정신을 바탕으로 한 교육자 생활이었고 애국심도 굳건한 신앙의 바탕에 두었다. 때문에 김마리아에게는 종교교육학이 절대적으로 필요했다. 1933년 1월『우라키』제6호에 게재된 정일형의「김마리아론」에 의하면, "뉴욕신학교 종교교육과에서 3년이나 연구한 결과 다시 영예의 종교교육 학위까지 수여케 되었다"라고 했다. 그가 이처럼 끊임없이 배움으로 자신을 단련한 이유는 조국에 돌아가 인재양성고자 했기 때문이었다.

한편, 김마리아는 1929년에 북미대한인유학생회 부회장에 선임되어 1932년 귀국할 때까지 연맹 사업을 주관하였다. 1931년 2월 학생연맹에서는 '오늘의 한국이 가장 필요로 하는 것은 무엇인가'라는 주제로 심포지엄을 개최하였다. 이 자리에서 김마리아는 '진취적이나 협동적인 지도력'이란 주제로 진정한 지도자와 지도력에 대해 피력하였다. 그의 주장은 당시 한국 사회에 절실히 필요한 것이 모세와 같은 지도자인데, 이러한 지도자는 하늘에서 저절로 떨어지는 것이 아니기 때문에 우리가 만들고 우리가 그 지도자에게 협력하는 것이 중요하다는 것이라 하였다. 또한 그는 '세계학생자원봉사운동'에 한국 대표로 참석하여 중요한 활동을 펼치기도 했다.

김마리아는 뉴욕신학교에 입학한 후로 활동 범위를 종교계로 넓혀 미국 여선교사회 활동에도 적극 참여하였다. 1931년 1월 10~12일 뉴욕에서 세계외국인여선교회연맹 회의가 개최되었는데, 한국·중국·인도·일본·필리핀 등 아시아 국가의 대표들이 참석하였다. 김마리아는 한국 대표로 연설하여 한국을 전 세계에 알렸다. 1932년 2월 12일 미국 여선교회가 학생연맹 동부지부와 연합하여 뉴욕 한인교회에서 '세계 기도의 날' 모임을 주최했는데 한국을 위한 기도였다. 김마리아는 기도회에서 '한국을 위한 기도'를 맡았다.

여선교회에서 활발하게 활동한 결과 김마리아는 후일 원산의 마르타 윌슨 여자신학원 교수로 부임하는 기회를 갖게 되었다. 이로써 1932년 7월 20일 귀국하여 조국에서 종교 교육자로서 지도력을 발휘할 수 있는 기회도 갖게 되었다.

'유학가지 마세요' - 고달픈 유학생활

혈혈단신으로 미국에 유학 온 김마리아는 생계와 학비를 마련해야 했다. 조국 독립이라는 원대한 꿈을 이루기 위하여 실력을 쌓겠다는 각오를 다졌지만, 육체노동을 감당할 정도로 건강하지 못했다. 살림하기와 아이보기는 그에게 가장 적당한 일자리였지만, 미혼이었던 그에게는 이마저도 매우 서툴렀다. 그는 자신이 할 수 있는 일을 찾아 필사원筆寫員, 도서관 사서 등으로 생활을 꾸려 나가야 했다. 이렇듯 그의 미국생활은 호락호락하지 않았다.

1927년 가을 『중외일보』 기자 이정섭李晶燮이 미국을 방문했을 때, 시카고대학교 대학원 연구생으로 대학 도서관에서 일하며 공부하던 그를 만나 근황을 취재한 적이 있다. 기자는 김마리아의 위대함과 고달픈 유학생활을 잘 감내하는 것을 모든 사람들이 감탄해야 한다고 썼다. 또한 『조선일보』 1928년 1월 4일자 기사에 김마리아가 낮에는 연찬硏鑽에 전념하고 밤에는 잔약한 몸을 돌보지 않고 남의 집 고용살이를 하면서 생활비용을 충당한다고 실리기도 했다. 또한 비장한 고학생활을 정성스럽게 행하는 그의 태도를 미국 사람들도 모두 경탄하고 있다고 보도했다.

그는 『우라키』 6호에 실린 「북미고학생활백경집北美苦學生活百鏡集」의 필자 6명 가운데 한 사람으로, '한 달의 널스 생활'이란 제목으로 글을 썼다. 최고의 지성인인 그가 얼마나 생계 곤란을 겪으며 살았는지 여실히 보여준다.

10년이나 두고 고학한 나는 별별 험한 일 궂은 일 한 차례씩은 다 치러 보았습니다. 남의 집 종살이부터 여급의 신세며 점원 행상 등으로 양키 천하에서 갖은 경멸과 천대를 받으며 때로는 우리나라 독자는 상상도 못할 '켐패니언'이라는 늙은 할멈의 배종관인, 말하자면 전속 하인의 고역으로 땀 사발을 흘리는 곤경에 헤매기도 한두 번이 아니었습니다. ……
때는 벌써 3년 전 무덥던 여름의 일이외다. 방학을 하고 교문을 나서니 무엇보다도 아침과 저녁이 문제되리만큼 절망한 경제 공황이 따라 듭니다. …… 인사 상담인 직업소개소의 알선으로 내 목에 온 잡job은 영어로 '널스nurse'라는 남의 집 어린애 보는 간호부 그것이었습니다.

간단한 행장을 둘러매고 '롱 아일랜드'라는 태평양 연안 금빛 물결이 찾아드는 화려한 문화도시에 외롭게 그림자와 같이 고주雇主를 찾아갔습니다. …… 이른 새벽 아직도 주인은 잠자리에 뭉개는 것을 알면서도 일찍 일어나 조반을 준비하는 한편 어린애들을 거두어 옷 입히고 세수시켜 놓자 시간 따라 음식을 먹이고 나면 벌써 열시도 넘고 이른 점심때가 됩니다. 애가 둘씩이나 되는지라 한 애를 돌보고 나면 다른 것이 울고불며 야단을 치며 수라장을 만들어 놓습니다. 이렇게 한 종일 두 애를 데리고 쩔쩔 매는 몸이 또한 어른들의 밥도 지어 주며 두 애를 거두고 나면 보탬 없이 등 뒤에서 땀이 비오듯 합니다.

자리에 누워 생각하니 기가 막혀 그야말로 죽을 지경이외다. 그렇다고 일을 집어치울 수도 없고 계속하자니 뼈가 녹을 지경이니 진퇴유곡의 난관이 꿈나라에까지 도는 것만 같았습니다.

그 가을 학기를 생각하며 그럭저럭 한 달의 세월도 갔습니다. 그러나 원체 취미 부칠 것이란 하나도 없는 데다 신문 한 장 변변히 볼 여가가 없는 종살이라 싫증이 난 지 오랜 데다 주인마님의 무자비는 열화를 돋우어 주고 남음이 있었습니다.

이 글은 그가 1929년 여름방학 무렵 때 고생스러웠던 간호부 생활에 대해 쓴 것이다. 김마리아는 생계비와 학비를 벌기 위해 막노동꾼처럼 온갖 잡일을 다했다. 간호부 생활을 '종살이'라고 표현한 것처럼, 그는 철없는 부인 밑에서 휴식시간도 없이 밥하고 청소하고 두 아이를 돌보는 중노동과 비인간적 대우를 받았다. 그가 얼마나 힘들고 자존심이 상했는지 잘 보여준다.

　게다가 그가 뉴욕에서 공부하던 1929년은 전 세계가 한 번도 경험하지 못한 어마어마한 사건에 휩싸였다. 1929년 10월 뉴욕 주식시장이 붕괴되면서 시작된 경제불황은 미국은 물론 전 세계에 파급되었고 세계적인 대공황이 불어 닥쳤다. 1932년까지 미국 노동자의 25%가 실직상태였을 정도로 미국 사회의 충격은 엄청난 것이었다. 연일 물가는 폭락하고 실업자는 급증하였기 때문에 외국 유학생에게 돌아갈 일자리란 없었다. 매우 암울한 시기였다. 고달픈 유학생들은 더욱 곤경에 빠지고 말았다.

　당시 김마리아의 알선으로 뉴욕신학대학에 유학하고 있던 정일형은 그때의 유학생들의 상황을 다음과 같이 회고하였다.

　"당시 미국은 최대의 경제 공황에 빠져 있었는데 쌀독에서 인심난다는 속담처럼 자기들이 먹고 살기에 바빠서 우리 같은 유학생들에게 인심을 베풀 수 있는 처지가 못 되었다. 그래서 뉴욕한인교회 지하실에 모인 한국유학생들은 호주머니를 털어 몇 개의 빵과 한 병의 우유를 사다가 나누어 먹는 딱한 처지에 있었다."

　강인한 정신력을 가진 김마리아였지만, 인종적 차별, 가난한 중년의 망명 여자 유학생이 겪는 경제적 곤란, 고학력자로서의 지적 수준과 현실과의 격차로 인한 갈등, 더욱이 돌아가고 싶어도 돌아가지 못하는 조국에 대한 그리움 등은 때로는 감당하기 어려운 것들이었다. 하지만 그는 이러한 많은 쓰리고 아픈 경험들을 오직 자신에게 주어진 조국의 운명이라고 여기고 감내하였다. 그의 기독교 신앙심은 항상 그를 넘어지지 않게 붙들어 주었다.

귀국 직후인 1932년 『신동아』와의 인터뷰를 보면 그의 유학생활이 얼마나 어려웠는지 짐작할 수 있다.

"유학 가려는 사람이 있다면 한사코 말리겠습니다. 공부하겠다는 장거壯擧는 칭찬할 만하지만 후에 가서 당할 끔찍스러운 고생은 차마 못 당할 것입니다."

대한독립과 결혼하다

김마리아는 소녀시절부터 평범한 현모양처가 되는 일에는 별로 관심을 갖지 않았다. 그는 원래 나라와 민족이 절실히 필요로 하는 여성교육 지도자가 되기를 희망하였다. 때문에 그는 학생들을 가르치고 자신을 연마하는 일에 전념하였을 뿐 결혼은 염두에 두지 않았다. 그런데도 김마리아를 만나는 사람들은 그의 결혼에 대해 지대한 관심을 가졌다. 1932년 귀국 당시 『신동아』 기자가, "말씀드리기는 좀 거북합니다만, 고국에 오신 후이니 앞으로 결혼 문제는 어찌하시렵니까?"라고 정중히 질문하자, "결혼이요? 도무지 거기에 대해서는 생각도 안 합니다"라고 잘라 버리듯이 대답하였다. 결혼할 생각이 없으니 더 이상 묻지 말라는 것이었다.

결혼 문제에 관심을 두지 않았음에도 김마리아를 흠모하고 연모하는 이들이 있었다. 김마리아를 연모하여 결혼을 청한 남자들은 모두 민족의 큰 인물인 그가 고문 후유증으로 심하게 앓는 것을 보고 마음 깊은 곳에서 연민의 정이 우러나와 연정으로 발전하였던 것이다. 그가 병으로 고통 받는 것을 안타까워 한 김철수는 좋은 청년과 김마리아를 혼인시켜 주려고 주선한 적이 있다. 신랑감은 시베리아에서 국민대표회의 대표로 온 장진영이었다. 장진영은 일본고등사범학교를 졸업한 후 시베리아로 가서 사회주의운동계 독립운동을 하는 건실한 노총각이었다. 혼인을 성사시키기 위해 김철수와 안창호가 중매인으로 나섰지만, 그가 끝내 싫다고 거절하여 실패로 끝났다.

그런가 하면 누군가 아픈 김마리아를 돌봐주어야 한다는 생각에 정광호와 양한나가 김철수에게 김마리아와 혼인하기를 권하였다. 김철수는 한국에 처자가 있는 기혼자였으므로 펄쩍 뛰며, 혼인을 하면 김마리아의 신분과 명예를 그르치는 일이며 모욕하는 일이 될 것이라며 거절했다. 그러나 김철수는 한평생 김마리아를 연모하여 뒷날 그가 죽은 후에도 연심을 거두지 않았다.

김영삼의 『김마리아』에 보면, 김마리아가 로스앤젤레스에서 진학 준비를 하고 있을 때, 직업소개소를 운영하는 박재형이라는 사람으로부터 청혼을 받았다고 한다. 김마리아는 자신의 인생 목표를 접을 수 없어 그의 청혼을 정중히 거절하는 대신 차경신을 소개하여 두 사람이 결혼하였다고 한다. 그런데 차경신의 전기인 『호박꽃 나라사랑』에서는 자신과 박재형과의 결혼은 안창호가 중매했다고 서술하고 있다. 박재형과 차경신은 1925년 3월 26일 한성권 목사의 주례로 결혼하였다.

홍언洪焉 또한 김마리아의 정신과 인격을 흠모하였다. 홍언은 '동해수부'라는 필명을 가지고 미주에서 언론을 통해 민족운동을 펼친 사람으로 시 작품이 많았다. 홍언은 '당원 추운여사에게 바치다贈黨員秋芸女士'라는 제목으로 다섯 수의 시를 지어 김마리아의 애국적 삶을 예찬하였다. 여기에 한 수를 소개하면 다음과 같다.

아름다운 얼굴 나라 걱정하여 다듬지 않았고
피눈물을 흘리며 독립선언 하러 한양에 들어갔지
피눈물에 흔적 있어 촌고의 아름다움이니
화장품을 가지고 얼굴빛을 더럽히지 말게나

시에서 '추운秋芸'은 김마리아를 지칭한 것이다. 노처녀를 '추낭秋娘'이라고 일컫고, '운芸'은 향기풀이라는 뜻이다. 즉 애국적 향기를 지닌 노처녀라는 뜻으로 '추운'이라 한 것이다. 홍언은 윤봉길의 상해 의거를 예찬하거나, 이봉창의 순국을 애도하는 등 애국지사를 예찬하는 한시를 많이 지었다. 이 시는 그가 김마리아를 윤봉길·이봉창 등과 같은 지위의 애국지사로 흠모했기 때문에 지은 한시라고 해도 무난할 것이다.

문인 이광수는 김마리아의 생애를 평범한 여인의 생애에 비견하지 않았다. 그는 김마리아의 생애를 진실로 흠모하여, "당신의 청춘과 사랑과 생명을 조선에 바치라"는 헌시를 짓기도 했다. 김마리아가 귀국한 이듬해인 1933년에는 『동광東光』 6월호에 '누이야 : 조선여성에게'라는 제목으로 김마리아의 위대한 생애를 흠모하는 시를 발표하였다. 이광수는 동경 유학시절부터 김마리아와 각별한 교분이 있었다. 김마리아가 동경여자유학생친목회장을 맡아 『여자계』를 간행할 때 편집 자문을 맡

앉고 기고도 했다. 2·8독립선언 당시에는 이광수는 재일동경 조선청년
단 대표 11명 중 한 사람으로 활동하였고, 김마리아는 동경여자유학생
친목회장으로 활동하였다. 이러한 인연으로 이광수는 김마리아의 조국
광복을 위한 거사와 그로 인한 고초의 삶을 시에 담아 바친 것이었다.

누이야 조선 여성에게
누이야 네 가슴에 타오르는 그 사랑을
뉘게 다 주랴 하오?
네 앞에 손 내민 조선을 안아주오
안아주오!
누이야 꽃 같이 곱고 힘있고 깨끗한 몸을
뉘게 다 주랴 하오?
뉘게 다 주랴 하오?
네 앞에 팔 벌린 조선에 안기시오.
안기시오!
누이야 청춘도 가고 사랑도 생명도 다 가는 인생이요
아니 가는 것은 영원한 조선이니
당신의 청춘과 사랑과 생명을 바치시오, 조선에!

가와무라 검사와의 만남

김마리아는 뉴욕에 있을 때 김필례 고모를 통해 애국부인회 담당검사였

던 가와무라가 뉴욕에 머물고 있다는 사실을 알게 되었다. 비공식적으로 김마리아와 가와무라의 만남이 교섭되었다. 이에 대한 기록은 오직 김영삼의 『김마리아』에만 서술되어 있다. 이를 재인용해 보면 다음과 같다.

마리아는 고모의 권유를 받고 가와무라가 머물고 있는 호텔로 고모와 함께 찾아갔다. 방안으로 들어서는 마리아를 보고 가와무라는 다리가 휘청거릴 정도로 놀랐다. 그는 마리아를 너무도 잘 알고 있었다. 마리아의 강인한 정신력과 투철한 조국애와, 남자보다 강하고 용감한 행동력을.
마리아는 가와무라에게 웃는 얼굴로 먼저 말을 건넸다.
"그동안 많이 변했군요."
마리아의 눈에 비친 가와무라는 참으로 많이 변한 것 같았다. 마리아의 침착한 말과 행동에 한동안 질려 있던 가와무라의 얼굴이 서서히 풀려 갔다. 마리아의 점잖은 어투는 가와무라의 상식으로는 도저히 생각지도 못한 일이었다. 가와무라는 정중한 태도로 필례 고모와 마리아에게 인사를 했다. 그리고 부드러운 어조로 지난날을 사과하는 것이었다.
"무슨 말을 해야 되는지 모르겠습니다. 그때나 지금이나 제 직업을 떠난 자연인 가와무라로서는 마리아 씨에게 동정과 죄책감을 금할 길 없습니다. 그러나 변명 같지만, 대일본제국의 국민으로, 또는 일본제국의 법을 다루는 법관으로서 당시는 어쩔 수 없었습니다. 특히 마리아 씨에게 가혹한 형벌과 취조를 하지 않으면 안 되었던 제 처지에 인간적 슬픔과 회의를 느끼고 있었습니다. 그때 일은 널리 양해하여 주시고 앞으로는 다시 그런 불행한 일이 생기지 않도록 서로가 노력합시다."

진심에서 우러나오는 가와무라의 말이었다. 전에 보지 못했던 정중함과 신중함, 그리고 은근함이 그에게도 있었던 것이다. 가와무라는 말을 계속하였다. 자기 부인 타나가 치토세로부터 마리아에 대한 얘기를 여러 번 들었다는 것이다.

마리아는 가와무라 부인이 동경여자학원의 동기 동창생이라는 것을 알고 다시 한 번 놀랐다. 놀라는 마리아에게 가와무라는 자기도 처음에는 몰랐으나 부인이 마리아의 성품과 재질에 대해 후에 얘기해 주었기 때문에 알았다는 것이다. 그리고 마리아가 중국 상하이로 망명한 뒤에, 오늘까지 회한을 품고 지냈노라고 진심인지 아부인지 가늠하기 어려운 말도 털어놓는 것이었다. 가와무라가 이렇게 인간적으로 나오자, 옆에서 그때까지 잠잠히 있던 고모가 말을 꺼냈다.

"지금에 와서 지나간 일을 들추어 낼 필요가 뭐 있겠습니까? 우리들도 그때 일은 깨끗이 잊어버린 지 이미 오래입니다. 그리고 그러한 일을 마음에 두고 탓할 이유는 조금도 없겠지요."

원만한 말로 서로의 감정을 푼 고모는 마지막으로 뼈 있는 말을 하는 것이었다.

"내가 분명히 밝히고 싶은 것은 왜 한국사람들이 생명을 바쳐가면서 당신들의 정치에 반발하며 당신들과 대항하는가 하는 것입니다. 일본제국이 한국 국민에게 취하는 행동과 말들이 과연 정당한 것인가 생각해 볼 필요가 있습니다."

가와무라는 끝내 침묵한 채로 듣고만 있었다. 간악하고 잔인한 인간으로

만 생각했던 일본제국의 관리에게도 아직까지 일말의 양심이 알량하게나마 남아 있는 듯한 사실―긴 시간을 두고 그동안에 있었던 애기를 주고받던 이들은 마리아의 권유로 일어났다. 그것은 마리아의 호의로 식당에 가기 위함이었다. 식사가 끝난 뒤 마리아는 똑똑한 어조로 고국에 돌아가고 싶다고 생각하고 있던 바를 털어놓았다. 그 말을 듣더니 가와무라가 말하였다.

"마음대로 하십시오. 귀국한다 해도 다시 감옥살이를 하지는 않을 겁니다."

마리아는 놀란 얼굴로 되물었다.

"징역 언도를 받고 복역 도중 도망해 온 사람이 어찌 무사할 수 있을가요?"

"아마 법적 시효가 10년이니까 그 후라면 괜찮을 겁니다."

불안한 마음으로 반문하는 김마리아에게 가와무라는 법조문을 들어가며 설명했다. 생각 외로 자상하고 인정도 있는 사람이라고 생각하며 김필례와 마리아는 매우 기뻐하였다. 조국으로 돌아갈 수 있다는 소망이 이루어진 거나 다름없는 대답이었기 때문이다. 앞으로 5년만 더 참으면 되는 것이다.

06 귀국, 기독교 항일여성운동을 이끌다

돌아가리라, 조국으로

김마리아는 10년간 미국에서 고생을 하면서도 잠시도 조국을 잊지 않았고, 기회 있을 때마다 돌아가겠다고 말하곤 했다. 그렇지만 현실은 녹록하지 않았다. 가장 큰 이유는 일제가 선고한 징역 연한 때문이었다. 선고 시효가 10년이었던 점도 있었지만, 시효가 만료되어도 특별 요시찰 인물이기 때문에 무사히 귀국하여 일할 수 있을지도 의문이었다.

김마리아는 1931년 5월 법정 시효의 만료를 앞두고 귀국을 준비하였다. 이때 김마리아는 캐나다 토론토에서 열린 세계학생기독교연맹 대회에서 캐나다 여선교사로 원산에서 마르타윌슨 여자신학원을 설립한 맥컬리Louise H. McCully를 만나게 된다. 맥컬리는 일찍이 중국 선교사로 활동하다가, 1900년 중국 의화단사건 때 한국으로 옮겨와 선교활동을 한 인물이다. 맥컬리는 여전도사 양성을 위해 1908년 함흥에 성경학원과 여신도회를 조직하였고, 1909년에는 함흥을 비롯한 원산·천진 등

7개 지역으로 넓혀나갔다. 그는 1914년 함흥에 있던 성경학원을 원산으로 이전하고, 1923년 다시 원산 진성여학교로 옮겨 원장으로 취임했다. 그 뒤 성경학원은 1930년부터 정식 여자신학교로 확대, 개편되어 본과 3년, 정과正科 4년제로 하고 본과 입학자격은 중학교 졸업자로 하였다. 성서신학·조직신학·종교교육·교회사·목회학 등 전문적인 신학 과목을 가르쳤다. 학원 명칭을 맥컬리의 어머니 마르타 윌슨을 기념하여 마르타윌슨 여자신학원으로 바꿨다.

그런데 맥컬리는 김마리아의 고향 소래에서 선교사업을 하다가 사망한 매켄지 목사의 약혼자였다. 이 운명적인 만남을 김영삼의 『김마리아』에서 다음과 같이 적고 있다.

김마리아의 옆자리에 앉았던 맥컬리는 친절하게 말을 걸었다.

"안녕하세요? 어디서 왔어요?"

"네, 코리아에서 왔어요."

"아, 코리아? 나 잘 알고 있어요."

"어떻게요?"

코리아를 잘 안다는 말이 너무 반가워 김마리아는 친밀감을 느꼈다. 그러나 그는 김마리아에게 뜻밖의 말을 하는 것이었다.

"내가 사랑하던 약혼자 윌리엄 매켄지가 선교사로 파송되었다가 돌아가신 곳이 바로 코리아예요."

"아니 윌리엄 매켄지라고요? 그럼 혹시 캐나다가 본국이었던 김세 목사님이 아닌지요?"

"오! 맞아요. 한국에서 김세라고 이름을 개명했었어요."

둘은 깜짝 놀랐다. 월리엄 매켄지 목사라면 김마리아가 너무 잘 알고 있는 분이었다. 김마리아가 아주 어렸을 때 소래 마을에서 존경 받던 이국 선교사였기 때문이다.

'루이시 리'라는 이름의 월리엄 매켄지 목사의 옛날 약혼자는 김마리아에게 자기가 매켄지와 사랑하던 이야기로부터 시작해서 이 모임에 오기까지의 얘기를 자세히 들려주었다. 김마리아도 슬프고 아름다운 사랑이야기를 들으며 몇 번이나 감탄했다. 루이시 리는 안식년을 맞아 본국에 잠시 들렀노라며 틈 있는 대로 김마리아에게 다가와 얘기를 나누곤 했다.

"저도 월리엄 매켄지의 뜻을 이어받으려고 중국에서 선교사업을 하다가 얼마 전 한국으로 옮겼어요"

원산에 있는 마르타월슨 신학교 교장으로 있다는 루이시 리에게 김마리아는 자신도 모르게 친밀감과 존경심이 우러났다. 월리엄 매켄지 목사는 소래마을에서 열성적으로 포교활동을 하다가 젊은 나이에 비극적인 최후를 맞이했다. 그가 사망하자 김마리아의 부친은 매켄지의 장례를 도맡아 정중하게 치러 주었던 것이다. 그런 그의 약혼자를 먼 이국땅에서 우연한 기회에 만나게 된 김마리아는 루이시 리에게 연민과 존경의 정을 쏟았다.

대회를 마치고 각자 본국으로 돌아갈 때였다. 루이시 리는 김마리아에게 부탁하는 것을 잊지 않았다.

"나 루이시 리는 당신과 일하고 싶습니다. 나 항상 당신의 부모님에게 감사드리고 있어요. 언제든지 고국에 돌아오면 내가 있는 학교로 오세요.

그리고 나를 도와 주세요."

같이 교편을 잡고 싶다면서 루이시 리는 악수를 청했다.

김마리아는 맥컬리와의 만남을 통해 귀국의 실마리를 찾았을 가능성이 매우 높다. 맥컬리는 약혼자의 사망으로 인연을 맺은 김마리아에게 감사의 마음을 가지고 그를 적극적으로 지원했을 것이다. 나아가 맥컬리는 김마리아를 여자신학원 교수로 초빙까지 했다. 이후 캐나다 장로교 선교회는 조선총독부에 김마리아의 귀국 문제를 정식으로 타진하였다. 이는 1931년 3월 19일자 『동아일보』에 실린 기사를 통해 확인할 수 있다.

1920년(대정 9) 가을에 애국부인단 사건으로 경찰에 붙잡혔다가 3년 징역을 지고 병으로 보석되었다가 인천에서 배를 타고 상하이와 하와이를 거쳐 미국에 가 있는 김마리아 양(39세)은 그간 미국에서 순전히 성경공부에 노력하던 바, 최근에 신체도 건전하게 되었으므로 양을 후원하는 선교사들 중에는 미국에 머물러 있게 함보다는 유용한 인물을 조선에 귀국케 하여 종교 사업에 종사케 함이 좋겠다고(원산 성경학원 부교장에 취임케 한다는 말이 있다) 총독부 외사과에 대하여 그가 귀국하더라도 형을 집행치 않겠느냐 하는 조회를 발하였다. 김마리아 양의 국법 위반 문제는 법무국과 경무국 소관이므로 총독부에서는 아직 태도를 결정치 못하였다.

위 기사에 따르면 선교회가 김마리아는 미국에 있는 동안 순전히 성경공부에만 노력했다고 점을 강조하면서, 귀국 후 그는 독립운동과 같은 정치운동에는 관여하지 않고 오로지 종교 교육에만 종사할 것이라며 조선총독부의 형 집행 정지를 요청한 것이었다.

귀국 1년 전인 1931년에 그가 종교적 및 봉사적 활동을 활발하게 행한 것도 이러한 사정과 무관하지 않을 것이다. 실제 김마리아는 1931년 1월 10~12일 뉴욕에서 개최된 세계외국인여선교회연맹에서 연설하였고, 같은 해 2월에는 한국유학생연맹(북미유학생총회)이 개최한 세미나에서 참석하여 연설하기도 했다. 또한 1932년 2월 뉴욕 한인교회에서 개최된 '세계 기도의 날' 모임 예배에 참석하는 등 다양한 종교 활동을 펼쳤다. 이러한 활동은 그가 귀국을 앞두고 행해졌다는 점에서 귀국 후 그의 행보를 보여주는 것이기도 하였다.

김마리아는 1932년 6월 18일 미국 재입국 허가증을 교부받고 6월 23일에 미국을 떠나 토론토에 있는 캐나다 선교부로 갔다. 미국 북장로교 선교부를 통해 귀국하고자 했으나 부정적인 반응을 보였다. 김마리아는 결국 캐나다 선교부를 다시 찾았다. 캐나다 선교부와의 김마리아 귀국 절차가 빠르게 진행되어 예정일보다 귀국일이 앞당겨졌다. 때문에 그는 제2고향으로 삼았던 미국을 떠나면서 어느 누구와도 작별 인사를 하지 못했다.

김마리아는 토론토에서 캐나다 대륙횡단기차를 이용하여 밴쿠버에 도착했다. 그는 이곳에서 이틀간 머문 후, 1932년 7월 2일 서방행 캐나다호에 승선했다. 배는 밴쿠버를 떠난 지 닷새 만인 7월 7일 하와이에 닿았다. 하와이에서 김마리아는 황혜수·이용직·이애희 목사 부부 등과 해후하고, 부인구제회가 개최하는 환영회에도 참석하였다. 망명할 당시에 교포들이 환영해준 것처럼 떠날 때도 자리를 마련해 준 것이다. 김마리아는 동포들의 뜨거운 환대에 말로 다 표현할 수 없는 감격과 감사의 마음을 가졌다.

김마리아가 탄 배는 태평양을 건너 7월 16일 일본 요코하마에 도착하였다. 그는 도착 전날인 7월 15일 배 위에서 샌프란시스코에 있는 백낙희에게 편지를 썼다. 편지 내용은 동포 사회의 분열과 같은 바람직하지 않은 상황과 문제들에 대하여, 그리고 미국에 있는 동안 신세진 여러 동포들에 대한 감사한 마음과 알 수 없는 자신의 미래에 대한 것이었다. 김마리아는 편지 말미에 몸이 끝나는 날까지 자신에게 맡겨진 의무를 다하는 것이 소원이라고 하였다.

귀국과 귀국 환영회

김마리아의 귀국 과정과 귀국 후 행보에 대해서는 아우에게 보낸 편지와 여러 신문기사에 잘 나타나 있다. 먼저 그의 편지글은 『신한민보』 1932년 11월 3일자에 「김마리아양의 근황, 조선이 낳은 혁명여걸 : 차고 넘치는 인생의 쓴잔」이라는 제목으로 게재되었다.

고베에서 합류하기 전에 수상경찰서의 안내로 가서 9시간동안 14인에게 세 번이나 취조당하고 원산까지 호송을 받아 원산 명사십리에서 일주일을 지낸 후 상경하여서 경성에서 일주일을 지내고 평양에 가서 형님 댁에서 3주일 동안 편히 쉬고 그곳에서는 미주 일본 상하이에서 안면이 있는 친구들로 선유船遊도 하며 날을 골몰히 지내고 원산 오는 길에 경성에서 체포되어서 경기도경찰부의 유치장에서 이틀 밤과 이틀 낮을 지내고 겨우 놓여서 나왔습니다. 그리 되어서 예상외에 경성에 오랫동안 유하게 되었기 때문에 식도원에서 80여 명 남녀 선생들을 한자리에서 뵈일 기회를 가졌던 것이외다. …… 당분간 취직을 정지하라는 당국의 명령으로 현금은 무직업자로 날을 보냅니다. 오랫동안 본국을 떠나 있다가 오니 서툰 것도 많거니와 하도 매여서 지나게 되니 사는 것 같지 않으외다. 김마리아에게 한하여서는 성경도 가르치지 못한다는 것은 퍽이나 억울한 심회도 없지 않아요.

김마리아는 일본 고베神戸 수상경찰서에 연행되어 14명으로부터 세 번에 걸쳐 9시간 동안 취조를 받았다. 그 뒤 원산으로 호송되어 1주일을 보낸 후, 서울에서 1주일간 머물고 평양으로 가서 옛 동지들과 뱃놀이를 하는 여유로움을 가졌다. 그런데 평양에서 원산으로 가는 도중 서울에 들렀다가 체포되어 경기도경찰부에 이틀간 구류되었다. 경찰부는 취직 정지를 명하고 신학교에서 성경을 가르치는 것도 막았다. 서울에 머물 때 80여 명의 유지들이 식도원食道園이라는 식당에서 베푼 환영회에 참석하였다.

한편, 7월 20일 김마리아가 서울에 도착한 뒤, 『동아일보』1932년 7월 25일자에 「전 애국부인단장 김마리아 양 귀국」이라는 제목으로 기사가 실렸다.

미국으로 망명하였던 김마리아 양이 지난 20일 밤 단신으로 가방 한 개를 손에 들고 아무도 모르게 경성역에 나타났다. …… 결석 판결을 받은 지 만 11년이 작년 5월이므로 시효가 이미 지났다고 한다. 그러나 인물이 인물인 만큼 부산에 상륙하자 수상서원에게 약 8시간 동안이나 신문을 받고 경관이 경성까지 동행하였는데 동 양은 경성에서 고髙 의사 집에서 1박을 한 후 바로 원산 마르타윌슨 여자성경학교로 가버렸다. …… 약 2주일 가량 원산에 체재하다가 또 다시 상경하여 지우들을 만나보게 되리라 한다.

김마리아는 요코하마를 떠나 부산에서 도착하여 또 다시 수상경찰서에서 8시간이나 신문을 받고 서울로 이송되었다. 그는 경관 호송으로 7월 20일 경성역에 도착했지만 경원선 기차가 없어 세브란스 병원에 살고 있는 고명우 의사의 집에서 하룻밤 묵었다. 고명우는 김마리아가 병보석을 받은 후 세브란스병원 전담 의사이자 사촌언니 세라의 남편이다. 그는 서울에서 1박을 한 뒤에 원산으로 떠났다.

한편, 『동아일보』 1932년 8월 4일자 신문에는 정신여학교 동창회가 주최한 김마리아의 귀국 환영회 때 '뱃놀이 사진'과 '김마리아 양 환영회'라는 기사가 실렸다.

지난 20일 귀국한 김마리아 양은 그동안 원산에 있다가 재작일에 입경하여 고 의사 댁에서 1박한 후 2일 밤에 또다시 퇴경하였다. 그 기회를 틈타 양의 모교인 정신여학교 동창회에서는 작 2일 오후 4시 한강으로 양

귀국 후 정신여학교 동창회에서 주최한 평양 대동강 뱃놀이를 만끽하는 김마리아와 일행들

을 초대하여 환영회를 개최하였는바 배를 한강 중류에 띄우고 감회를 서로 물은 후 밤이 들자 서로 헤어졌다고 한다.

원산에서 8월 1일 상경하였고 2일 오후 4시부터 정신여학교 동창회에서 준비한 환영회에 참석하여 한강 뱃놀이를 즐겼다. 이처럼 김마리아는 귀국 후 눈코 뜰 새 없이 바쁜 일정을 보냈다.

『신동아』기자는 그런 김마리아를 가리켜 "서울에 번개처럼 나타나 서울서 1박을 하고는 곧장 원산으로 내려가 선생의 그림자도 볼 수 없고 동아 지상紙上으로만 날마다 화젯거리가 되어 있다"고 표현하였다. 그의 귀국 사실 자체만으로도 세인의 관심이 집중되었으나, 직접 만나 취재할 기회를 얻지 못하고 있었다.

이 『신동아』 기자는 8월 2일 아침, 김마리아가 상경했다는 소식을 듣고 세브란스 고명우 의사 댁으로 번개같이 달려갔다. 기자는 김마리아에 대한 첫인상을, "응접실에 나타난 양은 몹시 쾌활하고 사교성이 풍부해 보이는 친절스러운 이였다. 단발하고 금테안경을 쓴 얼굴, 적어도 38~39세는 되었음직하나 얼굴빛 양복을 시원스럽게 입은 폼으로는 퍽 유쾌해 보였다"고 적고 있다.

갑작스러운 방문이었으나 기자의 질문에 유쾌하고 시원스럽게 대답하였다. 기자와 김마리아의 대담에는 중요한 내용들이 담겨 있다.

"분주하실 터인데 실례하게 되어 미안합니다."

"아니요. 오후에 뱃놀이하고는 곧 평양으로 갈 것이니까 상관없습니다 (시원스럽게 웃으며 조금 서투른 듯한 말로 대답한다.)."

"부모님은 안계시지요?"

"모두 다 돌아가셨어요. 그 대신 평양에 친형님 두 분이 계시고 의사님 부인이신 이 댁 주부께서 내 사촌형님뻘 되시니까 여기저기 뵈러 다닙니다. 알뜰하게 가정적 기분은 못 가지지만 형님들이 진실하셔서 ……. 이 분이 평양서 일부러 보러 올라오신 맏형님이십니다(라고 말하며 사이다와 컵을 쟁반에 받쳐 들고 나오는 후덕해 뵈는 부인께 소개시켰습니다.)."

"평양 같이 내려가시면 얼마나 계시겠습니까?"

"3~4주일 있겠습니다. 그리고는 원산으로 가서 마르타윌슨 성경학교에서 시무하겠습니다."

"독단적으로 사업하실 의향은 없으셔요?"

"글쎄, 아직은 그렇게 할 수가 있어야지요. 박인덕 씨도 독립적으로 하고 황에스더 씨도 개인적으로 하시지만요 …….."

"미국서 전공하신 것은 무슨 과목인가요?"

"콜롬비아 대학에 있을 때는 5년 동안 교육과 전공을 했구요, 그 다음에 신학교에 입학해서 3년 동안 종교교육을 전공했습니다. 그러니까 나올 때까지 꼭 학교에 있다 나왔지요."

"조선이 그리우셨지요?"

"그럼요. 늘 고국으로 나오고 싶은 마음으로 꽉 찼었지요. 조선을 나오면 어떻게 생활하고 어떤 모양으로 지내겠다고 공상으로 꽉 찬 생활을 했습니다."

"원산 계시면 기숙사에 계십니까?"

"기숙사에 하도 오래 있어 놔서 진저리가 나요. 마침 원산 그 학교에는 기숙사에 학생이 많아서 좁다나요. 마침 잘 되었다고 생각하고, 자취할 계획을 세웠습니다. 조선 음식, 조선 집, 조선 옷이 모두 그립습니다."

"미국도 조선 사람 많이 살지 않아요?"

"콜롬비아에는 많이 살아요. 학생이 5~6인 있고 사사私私집도 있어 음식은 가끔 조선 음식을 먹기는 했어요."

"그런데요? 왜 조선 나오실 때는 아무 통지도 없이 갑자기 모르게 오셨나요?"

"왜요! 일이 공교히 되었답니다. 몰래 오려 한 것같이 되었지만 사실은 캐나다 선교부에서 조선으로 전보를 쳤는데, 잘못 되어서 닿지를 않았어요. 오니까 아무도 맞으러 안 나왔겠지요!"

"그러셔요. 여기서는 또 저기서[사찰 당국을 의미함] 말썽을 부리고 귀찮게 할까 봐서 그러신 줄 알았지요. 감상은 어떠세요?"

"수상경찰서에서부터 미행이 따라오더군요. 감상! 지금은 말하지 않겠습니다. 감상되는 것은 다 일기에 꼭 적어 두었다가 한 3~4년 후에 말씀드리지요."

"하하. 아니, 그러면 그것은 감상담이 아니고 추억담이 되게요."

"글세요. 그래도 좋지요. 하여튼지 당분간은 글이나 공석에서 말이나 그런 것은 절대로 아니 하기로 생각했습니다. 도무지 그동안 고국의 신문이나 잡지를 못 읽어서 조선에 대한 상식이 너무 없어서 알고 배울 때까지는 함구하려고 합니다."

"말씀드리기는 좀 거북합니다만 고국에 오신 후이니 앞으로 결혼 문제는 어찌 하시렵니까?"

"결혼이요? 도무지 거기 대해서는 생각도 안 합니다."

"그러셔요. 미안합니다. 너무 오래 실례했습니다(하고 싶은 말, 묻고 싶은 말, 듣고 싶은 말 하나도 못 하고 돌아서는 마음 서운했지만 양孃의 앞날과 기대 많은 사업을 마음으로 빌면서 돌아왔다.)."

우선 그가 아무에게도 알리지 않고 단신으로 귀국한 것은 캐나다 선교부의 전보가 도착하지 않았기 때문이라고 했다. 이는 일제 당국이 정보를 미리 입수하여 전보 전달을 막은 것으로 판단된다. 김마리아와 같은 비중 있는 애국지사의 귀국 사실을 가능한 알리지 않으려는 의도였다고 보인다. 귀국 과정에 대한 감상을 묻는 질문에 대해서는 지금은 말하지 않겠다고 불편한 심정을 드러내기도 하였다.

또 한 가지는 김마리아의 귀국 후의 계획이다. 일단 마르타윌슨 여자신학원에서 시무를 하겠지만, 때가 되면 박인덕이나 황에스더처럼 여성교육사업을 독자적으로 추진하겠다는 뜻을 은연중에 밝히고 있다. 외국에 있는 동안 이러한 원대한 계획을 한시도 잊은 적인 없었기 때문이다.

이처럼 김마리아의 귀국은 서울 장안의 화제였으며 여성계에서도 환영과 기대감을 나타냈던 것이다. 비록 일제 당국이 김마리아의 활동을 규제하고 취직도 정지시켰으나 그에 대한 국내의 관심과 존경은 막을 수 없었다.

1932년 9월 6일 화요일 오후 6시 30분에 윤치호·함태영·장선희·신의경·황에스더 등 30명이 발기인이 되어 김마리아와의 간담 초대회를 남대문통 식도원이라는 큰 식당에서 개최되었다. 유각경의 사회 아래 김활란·송진우가 환영사를 하고 이어 김마리아가 답사를 하였다. 사회 각 방면의 유지들이 다수 참석하였는데, 그의 편지에는 80여 명이라 하였고, 『동아일보』에는 수백 명이라 하여 수적으로 차이가 있으나 이날 환영회가 성대하였음을 알 수 있다.

원산 마르타윌슨 여자신학원 교수

김마리아는 귀국 초부터 일제의 엄포와 감시로 여성계를 위한 자신의 계획과 포부를 펼칠 기회를 갖지 못했다. 그는 제한된 범위 내에서 최대한 활동해야 했는데, 가장 성심을 다한 것이 여자신학원 교수로서의 활동이었다.

일제가 김마리아에게 내린 취직 정지 명령은 1933년 봄에 해제되었다. 하지만 그는 성경과목 외에는 어떤 과목 교수도 허락되지 않았기 때문에, 구약성서 '다니엘서'와 신약성서 '요한계시록' 강의에 열정을 쏟았다. 이는 모두 핍박받는 민족에게 새 희망을 주는 예언서이다. 타민족으로부터 받는 부당한 핍박과 고난을 의와 믿음을 가지고 이겨내면 하나님이 새 하늘 새 땅을 분명코 예비해 준다는 것이다. 김마리아는 두 성서야말로 박해당하는 한민족 구원의 정신을 불러일으킬 표상이라고 믿었던 것이다. 1940년 마르타윌슨 여자신학원에 입학하여 김마리아에게 배운 양성담梁成痰은 "김마리아 선생은 학생들에게 구약과 역사를 가르치며 역사의식과 애국심을 고취시켰다"고 회고하였다.

김마리아는 학생지도에도 최선을 다하였다. 외국에서 고학을 경험한 까닭에 학생들이 학비가 없어 공부할 기회를 갖지 못하는 것을 안타까워하였다. 한민족에게 가장 필요한 것이 교육인데 돈이 없어 공부를 못하는 대한의 청년에게 희망찬 미래를 주어야 나라가 독립할 수 있다는 것이 그의 일관된 신념이었다. 그래서 김마리아는 가난하여 공부할 수 없는 학생들을 보면 자력으로 도울 수 있는 데까지 도와주었다.

김마리아의 수양딸 배학복裵學福이 여자신학원에서 공부할 수 있었던 것도 오직 그의 이러한 교육적 신념 때문이었다. 배학복은 신학문을 배우고 싶은 마음으로 19세에 가출하여 여자신학원을 찾아와 입학원서를 냈다. 그때가 1933년 2학기였다. 당시 면접하던 선생들이 "이 학생은

마르타윌슨 여자신학원 교수 시절, 학생들과 함께(1940, 앞줄 왼쪽에서 네 번째가 김마리아)

입학할 만한 아무 근거가 없습니다. 목사 추천서도 없고 학비도 없어 입학시키기 어렵습니다"라고 할 때, "저 학생, 학비 보증을 내가 맡겠습니다"며 나선 사람이 김마리아였다.

김마리아를 옆에서 모시게 된 배학복은 그의 학덕을 회고하였다.

"선생님은 규모 있으심과 정돈되고 분명한 성품으로 참으로 많은 것을 배웠어요. 선생께서는 6시 반에 아침 식사를, 12시 30분에 점심 식사를, 5시 반에 저녁 식사 시간을 어기지 않고 하셔요. 선생께서는 모든 일에 성심을 다하셨는데, 특히 강의 가운데 '다니엘서'와 '요한계시록' 강의는 그야말로 정성을 다하여 준비하신 명강의였어요. 강의 주제가 같을 때도 그 내용은 매번 새로이 연구해서 강의하시므로 꼭 새 강의를 듣는 것 같았어요."

김마리아가 여자신학원 교수로 재직하던 1930년대 전반기는 농촌계몽운동이 사회문화운동의 주류를 이루고 있었다. 사회단체와 종교단체, 학생과 교사들이 방학이 되면 농촌으로 가서 한글을 가르치고 새로운 문화적 삶의 가치를 가르치고 실천하도록 계도하였다. 이러한 농촌계몽운동은 김마리아가 평소 꿈꾸던 사회문화운동과 유사한 것이었다. 그는 여름방학이 되면 학생들을 데리고 농촌계몽운동을 나갔는데, 그때마다 형사들이 따라붙어 일거수일투족을 사찰했다. 옷도 없이 흙 마당에서 뒹굴며 노는 아이들을 씻겨주고 저녁 강연 때는 생활계몽과 함께 농민들에게 애국심을 진작시켰다.

김마리아는 교수로서 강의와 학생지도, 농촌계몽운동을 실천하였을 뿐 아니라 나아가 기독교 여성운동에도 적극적으로 참여하였다. 그는 귀국 후 한국 교회의 남녀 차별이 심하다는 것을 알게 되었다. 이러한 차별의 모순성을 성서적 입장과 교회 운영의 현실성이란 관점에서 '조선기독교여성운동'이라는 글을 써서 1934년 『종교시보』 제10호에 발표하였다.

하나님께서 태초에 우주를 창조하신 후에 일남일녀를 창조하시고 인권에 대한 차별이 없이 아담과 이브에게 만물을 주관하라고 명하였으며 예수께서도 부부는 일신一身이라 가르치셨고 여자를 열등시 하신 일은 한 번도 없었다.

여자신학원 정문에서(맨 뒷줄 가운데가 김마리아)

사도 바울 역시 예수 그리스도 안에는 남자와 여자의 분별이 없다고 말씀하셨다. 이러한 사실을 불고하고 어떤 사람들은 성경전체로써의 의미를 해석치 않고 자기의 주장을 고집하기 위하여 성경을 부분적으로 해석하는 폐가 많다. ……

여기서 남자들에게 여성해방이나 여자권운동을 부르짖지 않으련다. 그것은 우리 여자가 본시 누구에게 구속된 것이 아니었고 권리가 없는 것이 아니기 때문이다.

또한 그는 교회의 현실 정황을 보더라도 "출석 교인의 3분의 2가 여자이고 아울러 여자가 교회의 중심 역할을 한다"고 하여 '남녀는 원래 평등하다'는 것을 강조하였다. 나아가 기독교 여성운동을 가정과 교회로부터 그 외연을 확장하여 여자기독청년회나 절제운동과 같은 사회적 기독교 운동으로 확대하고자 했다.

여전도회 활동과 신사참배 거부

김마리아는 1934년 여전도회 제7대 회장으로 선출되어 제10대까지 연이어 4대에 걸쳐 회장을 맡으면서 여전도회를 안팎으로 크게 발전시켰다. 여전도회는 1898년 평양 널다리골 교회에서 신반석·김정선 등 63명의 여성 신자들이 처음으로 여전도회를 조직하면서 비롯되었다. 그 후 1926년부터 전국적인 통일기관 설립에 대한 구체적인 움직임이 시작되어, 그해 열린 제15회 장로회 총회에 참석한 지역연합회 대표들이 이에 동의하면서 구체화되어 갔다. 1927년 9월 7일 제16회 총회에서 여전도회 총회 조직을 승인받아 1928년 9월 9일 대구 신정교회에서 11개 연합회 대표가 참가한 가운데 '조선예수교장로회 여전도회전국연합회' 창립총회가 개최되었다. 이 자리에서 초대 회장으로 맥컬리가 선출되었다.

초창기 여전도회는 주로 내외지의 전도사업과 내부 조직 확대 및 관리에 집중되었다. 그 뒤 1931년 제4회 대회에서 남만주지방의 재외동포에게 독자적으로 전도사를 파견하기로 결정하였다. 이에 서울 정신여학교와 일본 요코하마여자신학교를 졸업한 김순호가 중국 산동성에 첫

여전도회 회장으로 활동할 당시 김마리아

여선교사로 파견되었다. 여전도회는 초대 회장 맥컬리 이후 제4대까지 서양 여선교사들이 회장 직을 맡다가, 1932년 제5대에 와서 처음으로 한영신이 회장에 임명되어 제6대까지 연임하였다. 이때부터 서양 여선교사들의 지도 범위를 벗어나 한국인 본위의 선교활동을 해 나갈 수 있었다.

제7대 회장에 선출된 김마리아는 먼저 조직을 확대하고 회원을 관리하며 그 재정적 기반을 공고히 다져 나갔다. 요시찰 인물인 김마리아는 학교에서 수업을 할 때도 가까이에 형사가 따라다닐 정도로 활동이 자유롭지 못했다. 때문에 그가 여전도회연합회 회장직을 수행하는 것도 쉬운 일은 아니었다. 그러나 그만큼 영향력을 끼치며 한국에서 토착교회 여성들의 힘을 결집할 수 있는 인물도 드물었다. 이러한 상황에서 은퇴했지만 여전도연합회 종신회원으로 영향력을 있던 맥컬리의 보호를 받으며 적극적인 활동을 펼쳤다.

그 결과 제9대 회장을 맡고 있던 1936년에는 23지방연합회, 전국 지회수 1만 971곳, 회원수 2만 7,401명에 이르는 대규모 조직으로 확장되었다. 외지 선교도 산동성, 남만주, 북만주로 확대되고 선교비 예산 총액도 2,900여 원이 되었다. 또한 김마리아는 제10대 회장으로 활동하던 1937년에 매월 셋째 주일을 '여전도회 주일'로 제정하였다. 김마리아는 1935년부터 장로회 총회에 여전도회 주일 제정을 청원하였으나 권위주의적 의식이 강한 장로회 총회에서 이를 계속 거부하다가 김마리

조선예수교장로교회 여전도회전국연합회 제7회 총회(1934, 둘째 줄 오른쪽에서 다섯 번째가 김마리아)

아의 거듭된 청원에 결국 승인하게 되었다. 여전도회 주일의 제정은 교단 내에서 주변적 위치에 있던 여신도들의 위치를 높여 주었고, 여전도회의 위상을 확고하게 해 주었다.

김마리아가 여전도회 회장을 맡고 있던 1930년대 중반은 일제의 대륙침략정책과 황국신민화가 강화되는 시기였다. 특히 그가 제10대 여전도회 회장을 맡았던 1937년은 일제가 대륙침략정책을 더욱 확대, 강화하고자 중일전쟁을 일으킨 해이다. 이후 일제는 조선을 대륙병참기지화해 갔고 내선일체內鮮一體를 강조하면서 조선민족 말살정책을 전개하였다. 조선인은 황국신민이 될 것을 강요당하여 조선어를 사용할 수 없었고, 조상대대로 써오던 성을 버리고 일본식 성으로 고치는 이른바 창

씨개명을 해야만 했다. 나아가 일제는 모든 사회운동을 탄압하였고 사상통제를 철저하게 실시하였다.

일제는 황국신민화정책의 일환으로 교회를 일본을 추앙하도록 변질시켜 나갔다. 1938년 가을 장로교전국총회가 평양에서 개최되던 날, 일제는 주기철·채정민·이기선 등 신사참배 반대파 목사들을 예비 검속하고 이승길·김일선 등 친일 목사를 책동하여 신사참배를 가결하였다. 이후 공식 모임마다 황국신민서사皇國臣民誓詞와 동방요배東方遙拜를 하는 국민의례와 신사참배가 정례화되었다. 여전도회는 총회의 결정에 따르는 것이 관례이며 규칙이었으나, 신사참배 문제만은 그대로 따를 수가 없었다. 이에 여전도회에서는 공식모임을 회피하였는데, 이는 일제가 모든 공식적인 모임에서 국민의례와 신사참배를 강요했기 때문이었다.

일제의 탄압이 날로 심화되는 가운데 신사참배를 거부한 기독교 학교들이 폐쇄되고 선교사들도 자기 나라로 강제 축출되었다. 여전도회에서는 신사참배를 하지 않기 위해 1940년 여전도회연합대회를 유회流會시키고 실행위원회를 소집하여 대회 안건을 처리하였다. 게다가 일제는 태평양전쟁 준비로 한국의 인적·물적 자원을 강제 징발하기 시작하였다. 배급제가 실시되면서 수많은 한국인은 하루하루를 연명하는 것이 가장 고통스러운 일이었다. 이러한 경제적 환경 아래 여전도회도 적자 운영을 피할 수가 없었다.

1941년도에는 여전도회 운영난 타개와 대책 모색을 위해 평양 서문밖교회에서 대회를 개최하였다. 당시 회장은 이순남, 부회장은 김마리아였다. 역시 일제는 국민의례와 신사참배를 강요하였다. 그러자 회장

신사참배를 강요받았을 당시 여전도회전국연합회 제10회 총회 장면(1938, 앞줄 오른쪽에서 여섯 번째가 김마리아)

단이 긴급 실행위원회를 소집하여 신사참배를 거부하고 대회를 해산키로 결의하였다.

회장 이순남이 불참한 가운데 부회장 김마리아가 사회자로 대책회의 결과를 기다리는 회원들 앞에 나아가 "이번 대회는 부득이 산회합니다"라고 실행위원회의 결정을 발표하였다. 한영신 전 회장의 산회기도에 여전도회 회원이 통곡하자 당황한 경관들이 해산을 명하고 김마리아를 체포하고자 했다. 이는 김마리아를 여전도회의 신사참배 반대운동의 배후 조종자로 보았기 때문이었다. 일제의 탄압 아래 많은 지도자와 지식인이 변절하였으나 김마리아는 곧은 정신을 지켜 나갔다.

한줌의 재로 대동강에 잠들다

여자신학원 교수와 여전도회 회장 일로 바쁜 나날을 보내던 1937년
6월 29일 밤, 갑자기 문 밖에서 어린 아이 울음소리가 들려왔다. 깜짝
놀라 양녀인 배학복이 먼저 뛰어 나가고 뒤따라 김마리아와 전도사 배
명진이 나가 보았다. 밖에는 하얀 포대기에 싸인 3개월쯤 되어 보이는
남자 아기가 놓여 있었다. 누군가 생활이 어려워 김마리아의 집 문 앞에
버리고 간 것이었다. 포대기째 아이를 안고 들어와 살펴보니 아기 품속
에 서툰 글씨로 '1937년 3월 16일생'이라고 쓴 쪽지가 들어 있었다.

부모를 찾아 아이를 돌려주는 것이 도리일 것 같아 이튿날 경찰에 신
고하였으나 며칠이 지나도 부모가 나타나지 않았다. 김마리아는 적적한
삶을 사는 자신에게 하나님이 보내주신 선물이라는 생각이 들어 아기를
키우기로 결정하였다. 처음에는 아기 이름을 나라를 받드는 인물이 되
라는 뜻으로 '봉국奉國'이라고 지었다가 나라를 태평하게 만드는 인물이
되라는 뜻의 '태국泰國'으로 바꾸었다. 그리고 자신의 호적에 아들로 올
렸다.

김마리아는 고문으로 생긴 평생의 고질병인 축농증과 중이염이 크게
악화되어 1935년 원산 구세병원에서 다시 수술을 받을 정도로 늘 병고
에 시달렸다. 하지만 그는 아들 태국이가 들어온 후부터 몸은 더 분주하
고 곤해졌는데도 오히려 건강은 좋아졌다.

한편, 1941년 여전도회전국연합대회에서 신사참배 반대를 선언한 김마리아는 일제의 감시와 압박을 더욱 심하게 받아야 했다. 여자신학원 학생들도 모두 신사참배에 불응했던 까닭에 일제는 이 학교에 대해 갖가지 방법으로 탄압을 가했다. 이 시기 일제는 황국신민화정책에 순응하지 않는 학교는 폐교시키거나 자신 폐교하도록 하였다. 마르타윌슨 여자신학원도 결국 1943년 폐교를 당하였다.

1943년 12월 7일 김마리아는 잠자리에 들기 전 화장실에 갔다가 혈압으로 쓰러졌다. 때마침 김마리아의 집에 머물고 있던 배명진 전도사에 의해 발견되어 12시간 만에 깨어났으나 혼미한 상태는 계속되었다. 배명진은 배학복과 평양의 미렴 언니에게 전보를 쳤고, 김마리아가 쓰러졌다는 말에 형사들도 달려왔다. 형사들은 김마리아가 혼절하여 병석에 누워 있는 것을 보고도 꾀병이라며 밤새 지켜본 뒤에야 정말로 혼절한 것을 인정할 만큼 심하게 감시했다. 한 달 정도 지난 뒤 의식이 회복되었으나 별 차도가 없자 주위에서 입원을 종용하여 평양 기독병원에 입원하였다. 당시 병원에는 배학복이 식사 감독으로, 김명선 박사가 원장으로 있었다.

일제의 갖은 고문과 긴 망명생활로 약해질 대로 약해진 김마리아는 둘째 형부가 보낸 한약을 직접 달이다가 쓰러진 뒤로 영영 깨어나지 못했다.

나는 선생님의 임종에서 처음으로 화색이 도는 아름다운 얼굴을 보았습니다. 조국과 민족을 위하여 당했던 그 고뇌를 벗어 놓으셨기 때문이라

고 생각되었습니다. 선생님의 표정이 너무도 온화하고 아름다워 태국이
도 신기한 듯 돌아가신 어머니를 보고 자꾸만 이렇게 말했습니다.

"어머니가 나 보고 웃는다. 그렇지? 배 선생 누나!"

…… 평소 원하셨던 분홍색 수의를 입혀 드리고, 3일장을 지낸 후 화장
하여 유골을 대동강 물에 뿌렸습니다. 그리고 가족회의에서 선생님의 유
물은 모두 태국이에게 주기로 하였으며, 태국이 양육 문제를 몇 번 논의
하였으나 별다른 실마리를 찾지 못하여 회령 고아원을 경영하는 나의 친
구 소개로 어느 목사에게 양자로 보냈는데, 그 뒤 태국이가 심한 학대를
받는다는 소식을 전해 들었을 뿐 38선이 가로막힌 이후부터는 아무 소식
을 들을 수 없게 되었습니다. …… 결국 선생님은 1944년 3월 13일 새벽
에 돌아가셨습니다. 선생님은 살아계신 중에도 항상 외로우셨습니다. 선
생님을 만나기만 하면 일본 경찰들이 괴롭혀서 아무도 선생님 근처에 있
을 수 없었습니다. 선생님이 돌아가시고 나는 몇 교회를 찾아다니며 집
례를 부탁했지만 다 거절하였습니다. 돌아가신 분의 장례 예배를 드려도
선생님과 무슨 관련이 있는지 감시받게 될 것이기 때문이었습니다. 그때
채필근 목사라는 분이 오셔서 집례해 주셔서 장례식을 거행했습니다. 어
린 태국이가 상주가 되어 몇 명만이 참석한 가운데 장례 예배를 드렸습
니다. 선생님의 유언대로 화장을 하여 대동강 한가운데서 선생님을 보내
드렸습니다

– 배학복, 「나의 어머니, 김마리아선생님」

김마리아는 1944년 3월 13일 53세를 일기로 새벽에 영원한 조국을

가슴에 안은 채 영면에 들었다. 그로부터 1년 5개월 뒤 김마리아가 평생을 두고 그렇게도 소원하던 조국 광복이 우리에게 찾아왔다.

김마리아의 삶과 자취

1892. 6. 18(음)	황해도 장연군 대구면 송천리(소래마을)에서 아버지 김언순과 어머니 김몽은의 셋째 딸로 태어남. 본관은 광산, 본명은 상진, 이명은 근포
1894	아버지 사망
1899	소래학교(해서제일학교) 입학
1903	소래학교 졸업. 이 무렵 숙부 김용순와 김필순이 서울로 이사한 후 세브란스병원 맞은편에 김형제상회 개업
1905	어머니 사망
1906. 3(음)	서울로 이주
6	이화학당 입학, 후 2주 만에 자퇴, 연동여학교로 전학
1908	연동교회에서 밀러 목사에게 세례 받음
1909	연동여학교 교명을 정신여학교로 변경
1910. 6. 16	정신여학교 제4회로 졸업하고, 전남 광주 수피아여학교 교사로 부임
1912(가을)	일본 히로시마여학교에 유학
1913	유학을 마치고 모교인 정신여학교 교사로 부임
1915. 4. 3	김필례·김숙경·김정화·최숙자 등 일본 여자유학생 10여 명이 모여 동경 조선여자유학생친목회 조직, 회장에 김필례 임명
5	정신여학교 교장 루이스의 주선으로 일본 도쿄으로 유학,

	도쿄조시가구인 본과에 입학
1916. 3	도쿄조시가구인 본과를 졸업하고 고등과에 진학. 봄 김필례가 귀국하여 동경여자유학생친목회 회장 대행
1917. 봄	동경여자유학생친목회 사업으로 『여자계』 제1호를 등사판으로 발간. 동경여자유학생친목회 회장에 선임
1918. 3	『여자계』 제2호 발간
12. 29	동경 조선유학생학우회 주최 송년회에 참가
12. 30	조선유학생학우회가 조선기독교회관에서 개최한 송년웅변대회에 참가
1919. 1. 6	조선유학생학우회의 신년웅변대회에 참가. 여기서 조선청년독립단이 조직되고 독립선언서를 작성함. 김마리아는 황에스더 등 여자친목회원들과 조선청년독립단에 가입하고 여자친목회장으로서 30원을 활동비로 지원
2. 8	재일조선청년독립단의 2·8독립선언대회에 참석, 만세를 부르고 귀교한 후 학교에서 일본 경찰에 체포되어 취조를 받음
2. 15	동경 학생 대표로서의 귀국 임무 등을 논의하고자 황에스더 방문
2. 17	일본 여인으로 변장하고 차경신과 함께 2·8독립선언서를 몸에 숨겨 귀국. 부산에 도착한 후 기차를 타고 광주로 향하던 중 대구에서 상하이에서 파견된 고모 김순애와 고모부 서병호를 만나 동행함. 광주의 고모 김필례 집을 방문하고 고모부 최영욱의 서석병원에서 독립선언서를 복사하고 서울로 올라감
2. 21	서울에 도착하여 루이스 교장을 만나 학교문제를 의논한 후

교사 장선희 등과 시국을 논의함

2. 26   천도교의 보성사를 방문하고 이종일 사장과 만나 3·1운동
과 관련된 대화를 나눔

2. 28   동경에서 활동하던 황에스더가 서울에 왔으므로 그와 같이
거족적 독립운동에 부녀들을 대거 참여하게 할 것에 관하여
의논함

3. 1   황해도 재령, 신천 등지에서 활동하던 중 3·1운동이 발발
하자 급거 상경함

3. 2   정동교회에서 나혜석을 만나 함께 이화학당 교사 박인덕의
방으로 감. 이때 방에는 김하르논·박승일·신준려·황에스
더·손정순 등이 모여 있어 항일부녀단체 조직의 필요성을
주장함. 김마리아·나혜석·박인덕·황에스더 네 사람이 실
행 간사로 선정됨

3. 4   박인덕의 방에서 항일부녀단체 조직과 확대 방안을 구체적
으로 논의하고자 재집결함

3. 5   서울 남대문역에서 학생들의 만세시위가 대대적으로 일어
나고 학생들이 다수 체포됨

3. 6   정신여학교 교무실에서 일본 경찰에 체포되어 경무총감부
(속칭 왜성대)의 유치장에 갇힘. 일본 경찰로부터 혹독한 고
문을 받음을 받으며 신문을 당함

3. 14   조선총독부 경성지방법원 검사국 검사 야마자와 등으로부
터 1차 신문을 받음

3. 18   2차 신문을 받음

3. 27   서대문감옥 5호 감방에 투옥됨

7. 24   11시에 김마리아·황에스더·박인덕·신준려와 함께 서대문

감옥에서 가석방됨

8. 4	경성지방법원 예심계 판사 나가지마의 예심종결 결정이 나 면소 방면이 결정됨. 극심한 고문에 의해 코의 뼛속에 고름 이 생기는 유양돌기염으로 세브란스 병원에 입원함
9	정신여학교 교사로 돌아와 항일여성운동의 활성화를 모색함
9. 19	김마리아의 숙소에서 여성계 대표 18명이 모여 비밀결사 대한민국애국부인회를 새로 발족하고 회장에 선출됨. 대한 민국애국부인회 취지서는 김마리아가 작성하고 본부 및 지 부 규칙은 이혜경과 황에스더가 작성하여 국내에 15~16개 지부를 설치하고, 하와이와 북간도에도 지부를 설치하고 회 원 규합과 군자금 모집에 전력을 기울임.
11. 1	대한민국임시정부 대통령 이승만 앞으로 모금된 군자금 2 천원과 대한민국애국부인회 취지서 등을 이명 '김근포' 명 의로 송부함
11. 7	동창이자 동지인 오현주와 그의 남편이 대한민국애국부인 회의 조직과 활동 등을 일본 경찰에 밀고함
11. 28	학교에서 김영순·장선희·신의경과 함께 종로서 형사들에 게 체포, 연행됨
11. 29	김마리아 등 대한민국애국부인회 핵심 간부 18명이 대구지 방법원 검사국으로 이송됨. 전국에서 체포 송치된 임원 및 회원들 중 52명이 신문을 받고 그 중 43명은 불기소 방면, 핵심 간부인 김마리아·황에스더·장선희·이정숙·김영순· 유인경·신의경·백신영·이혜경 등 9명만 대구감옥으로 송 치됨
1920. 4. 23	대한민국애국부인회 사건의 예심이 종결됨

5. 3	경성복심법원에서 원판결을 취소하고 다시 징역 3년을 언도 받음. 이 판결에 불복하고 상고
6. 20	경성고등법원에서 상고 기각당함
6. 29	윤응념의 권고와 도움으로 중국 망명을 결심하고 오후 4시 세브란스병원에서 퇴원
6. 30	새벽 1시 서울을 떠나 자동차로 인천으로 감
7(6~7일경)	인천을 출발하여 중국으로 망명
7. 21	중국 웨이하이웨이에 도착하여 망명 성공
8. 3~4	고모부 서병호가 임시정부의 영접 대표로 웨이하이웨이에 도착
8. 10(경)	서병호와 함께 상하이에 도착, 11월까지 포석로의 고모대에 머물며 고모 등의 병수발을 받음
11. 25	상하이 대한애국부인회 주최로 열린 환영회에 참석
1922. 2. 18	임시정부 제10회 임시의정원 회의에서 황해도 대의원으로 선출. 이후 남경 금릉대학에 입학
1923. 1. 31	국민대표회의 개막식에 참석하여 개막 연설을 함
2. 2	국민대표회의 대회측으로부터 대한민국애국부인회 대표자격을 인정받음
2. 23	각 독립운동단체 상황보고 때 대한민국애국부인회 상황 보고
3. 8	시국문제 토론회에서 임시정부에 문제가 있다면 개조하는 의견을 피력함
6	국민대표회의가 창조파와 개조파로 분열되어 난상토론 끝에 합의하지 못하고 결렬됨.
6. 21	중국 여권을 가지고 상하이를 출발하여 미국으로 감
7. 12	미국 샌프란시스코에 도착, 국민회 총회장 최진하와 동지

정애경의 환영 마중을 받고 『신한민보』 편집장 백일규의 집
에 유숙함

7. 22 　샌프란시스코 대한여자애국단에서 개최한 김마리아 환영회
에서 "실력을 양성하라"는 내용으로 연설함

7. 25 　새크라멘토의 교포 환영회에서 참석하고 연설함

8. 4 　대한여자애국단 창립 5주년 기념식 겸 김마리아 환영회에
참석

8(중순) 　로스앤젤레스로 이주하여 안창호 집을 방문하고 1년간 진
학준비를 함

1924. 9. 7 　미주리 주 파크빌 소재 파크대학에 도착

10. 8 　맥큔의 도움으로 학력인정 관련 서류를 갖추고 3학년으로
정식등록

12. 1 　고국의 형님에게 편지를 보내 자신의 근황을 알림

1925. 5. 22 　『조선일보』에 파크대학의 교육내용과 반공 생활 등을 알리
는 편지가 게재됨

1926. 12월까지 　파크대학의 졸업에 필요한 모든 학점을 이수함

1927. 1(중순) 　사회학을 연구하고자 시카고대학 대학원 연구학생으로 1년
간 수학

5 　파크대학 졸업식에서 문학사 졸업장과 평생교사자격증을
받음. 평생교사자격증에 처음으로 '진상'이라는 한국 이름
을 씀

6. 15~18 　시카고 방케 호텔에서 개최된 한국학생연맹 중서부지부
제5차 연례대회에 참석하여 그룹 토론의 좌장을 맡음. 가을
『중외일보』 기자 이정섭이 시카고대학 도서관에서 고학하
는 김마리아를 취재하기 위해 찾아옴. 연말경 콜롬비아대학

사범대학원 입학이 허락되어 뉴욕을 감

1928. 1. 1	뉴욕에 있는 여성 동지들을 규합하여 항일여성단체 '근화회'를 조직하고 회장으로 선출됨
2. 12	뉴욕 한인교회에서 근화회 발회식을 거행
9	콜롬비아대학 사범대학원에 입학
1929. 6	콜롬비아대학 사범대학원에서 교육행정학을 주전공으로 석사학위를 받음. 이 무렵 흥사단에 제288 단우로 입단
1931. 1. 10~12	뉴욕에서 개최된 세계외국인여선교회연맹 대회에서 한국 대표로 연설
2	한국학생연맹에서 '오늘의 한국이 가장 필요로 하는 것은 무엇인가'라는 대주제의 심포지움을 개최함. 이 자리에서 '진취적이나 협동적인 지도력'이라는 주제로 강연함
5	형기가 만료되어 다방면으로 귀국 준비를 추진함. 캐나다 장로교 여선교회에서 조선총독부에 김마리아 귀국을 타진함. 특히 멕컬리 도움으로 원산의 마르타윌슨 여자신학교 교수로 부임하기로 주선됨
1932. 2. 12	한국학생연맹 동부지부가 미국 여선교회와의 연합으로 '세계 기도의 날' 모임을 개최하였는데 마리아가 한국 대표로 '한국을 위한 기도'를 함. 재미 고학생활의 어려움을 소개한 '한 달의 널스 생활'이란 제목으로 『우라키』 6호에 게재함
6. 23	귀국을 위해 미국을 떠나 캐나다 토론토에 있는 장로교 여자선교부로 감
7. 2	토론토에서 기차를 타고 대륙을 횡단하여 벤쿠버에 도착, 이틀을 지낸 후 서방행 배를 타고 벤쿠버를 떠남
7. 7	하와이에 도착하여 부인구제회 주최 환영회에 참석

7. 15	태평양에서 샌프란시스코의 선배 백낙희에게 편지를 보냄
7. 18~19	일본 고베에서 수상경찰서에 연행되어 경찰 14명으로부터 3회에 걸쳐 9시간의 취조를 받음
7. 20	경성역에 도착하여, 세브란스 병원 구내에 사는 고명우 박사 댁에서 유숙하고 다음날 원산으로 감
8. 1	원산에서 1주일간 머물고 상경함
8. 2	정신여학교 동창회에서 주최한 김마리아 귀국환영 한강 뱃놀이에 참석함. 다음날 평양으로 가 동지들과 함께 대동강에서 뱃놀이함
8. 20(경)	서울에 올라와 경찰에 체포되어 경기도경찰부 유치장에 갇힘. 일제가 취직 정지명령을 내려 원산에 가지 못하고 서울에 체재함
9. 6	윤치호·함태영·장선희·황에스더 등 30여 명이 발기한 김마리아 간담초대회를 남대문통 식도원이라는 음식점에서 개최, 80여 명이 참석함
9. 27	원산에서 뉴욕의 친우에게 귀국 후의 자신이 겪은 여러 정황을 알리는 편지를 보냄
1933. 봄	일제의 취직 정지명령에 해제되어 마르타윌슨 여자신학교 교수로 시무함
1934. 1. 1	한국 교회 내의 여성 차별적 현실과 문제를 다룬 '조선기독교여성운동'이라는 제목의 글을 『종교시보』 3권 1호에 게재함. 장로교여전도회 총회에서 제7대 회장으로 선출됨. 이후 10대까지 4대에 걸쳐 회장을 맡아 여전도회를 발전시킴
1935	병상을 돌보아 주던 제자 배학복을 양녀로 삼음
1937. 6. 29	대문 밖에 버려진 사내아이를 양자로 삼고 '태국'이라 이름

	짓고 자신의 호적에 올려 양육함
1938	장로회 총회에서 일제의 황국신민화정책 강요에 굴복하여 황국신민서사와 동방요배라는 국민의례와 신사참배를 결정함. 여전도회장이던 김마리아, 여선교회 창립 10주년 기념 행사를 생략하고 여배만 하여 신사참배를 회피함
1940	여전도회 연합대회를 유회시키고 실행위원만 소집하여 대의 안건을 처리하여 신사차배를 회피함
1941	여전도회 운영난을 타개하고자 평양 서문밖교회에서 연합대회를 개최하고 사회를 맡음. 평양신학교 여자부 설치추진위원 및 이사에 선정됨
1943	마르타윌슨 여자신학교 폐교 당함
12. 7(밤)	원산 자택 화장실에서 졸도하여 중태에 빠짐
1944. 2	평양 기독병원에 입원
3. 13	병원에서 조국의 광복을 끝내 보지 못하고 사망. 유언에 따라 화장하여 유골을 대동강에 뿌림
1962. 3. 1	대한민국 건국공로훈장 독립장을 추서 받음

참고문헌

자료

- 『황성신문』, 『대한매일신보』, 『독립신문』, 『동아일보』, 『조선일보』, 『중외일보』, 『신한민보』, 『매일신보』, 『서우』, 『사북학회월보』, 『학지광』, 『여자계』, 『신동아』, 『삼천리』, 『우라키』, 『The Korean Student Bulletin』(국가보훈처, 1999), 『구한말비록』上 · 下(O.R 애비슨 지음 에비슨기념사업회 옮김, 대구대학교출판부, 1984), 『高等警察要史』, 『騎驢隨筆』, 『黙庵備忘錄』, 『McAfee 문서』
- 「朝鮮騷擾事件에 關係하여 逃走 中인 金瑪利亞 取調의 件」, 국사편찬위원회 한국사데이터베이스.
- 「경성지방법원 김마리아 예심종결결정」(1919. 8. 4)
- 「대구지방법원 김마리아 판결문」(1920. 6. 29)
- 「대구복심법원 김마리아 판결문」(1920. 12. 27)
- 「경성복심법원 김마리아 판결문」(1921. 5.)
- 「경성고등법원 김마리아 판결문」(1921. 6. 20)

일기 · 전기

- 김구, 『백범일기』, 백범김구선생기념사업협회, 1971.
- 단운장선희선생기념사업회, 『만년 꽃동산 : 장선희 여사 일대기』, 인물연구소, 1974.
- 신수균, 『申受均 自敍傳 : 할머니 이야기』, 대한기독교서회, 1974.
- 박화성, 『송산 황신덕 선생의 사상과 생활 : 새벽에 외치다』, 휘문출판사, 1966.
- 이기서, 『교육의 길 신앙의 길 : 김필례 그 사랑과 실천』, 태광문화사, 1988.
- 이은숙, 『民族運動家 아내의 手記－西間島始終記』, 정음사, 1975.

연구서

- 국사편찬위원회편, 『한민족독립운동사자료집』 14, 1991.
- 국사편찬위원회편, 『한민족독립운동사자료집』 17, 1994.
- 국가보훈처, 『最近 唱歌集 : 海外의 韓國獨立運動史料』 16 日本編 4, 1996.
- 김대인, 『숨겨진 한국교회사』, 한들출판사, 1995.
- 김영란, 『조국과 여성을 비춘 불멸의 별 김마리아』, 북산책, 2012.
- 김영삼, 『김마리아』, 한국신학연구소, 1983.
- 김옥선, 『빛과 소금의 삶 : 김마리아 생애』, 주간시민, 1978.
- 金正明編, 『朝鮮獨立運動』 別册, 原書房, 1967.
- 김정현, 『한국의 첫 선교사』, 계명대학출판부, 1982.
- 도산안창호선생기념사업회, 『도산안창호전집』, 도산안창호선생기념사업회, 2000.
- 마르다윌슨여자신학교 동창회, 『사랑의 수송선을 타고 : 마르다윌슨여자신학교 동창회 60년』, 마르다윌슨여자신학교 동창회, 2010.
- 박용옥, 『한국여성독립운동사연구』, 지식산업사, 1996.
- 박용옥, 『김마리아 : 나는 대한의 독립과 결혼하였다』, 홍성사, 2005.
- 박용옥, 『한국독립운동의 역사 제31권-여성운동』, 독립기념관 한국독립운동사 연구소, 2007.
- 백낙준, 『한국개신교사』, 연세대학교출판부, 1979.
- 서경조, 「서경조의 신도와 전도와 송천교회설립역사」, 신학지남, 1925.
- 우남이승만문서편찬위원회 편, 『梨花莊所藏 雩南 李承晩文書』 19, 연세대학 교한국학연구소, 1998.
- 윤병석·윤경로 엮음, 『안창호 일대기』, 역민사, 1985.
- 이명화, 『도산 안창호의 독립운동과 통일노선』, 경인문화사, 2002.
- 이연옥, 『대한예수교장로회 여전도회 100년사』, 신앙과 지성사, 1998.
- 이우정·이현숙, 『한국기독교장로회 여신도회 60년사』, 한국기독교장로회 여신 도회전국연합회, 1989.
- 이원순, 『재미한인오십년사』

- 이장낙 엮음 스코필드 박사 교열, 『우리의 벗 스코필드』, 정음사, 1962.
- 정신100주년기념사업회, 『貞信百年史』
- 주요한 편저, 『안도산전서』, 삼중당, 1971.
- 차경수, 『호박꽃 나라사랑』, 기독교문사, 1988.
- 차재명, 『조선예수교장로회사기』, 조선예수교장로회총회, 1928.
- 최은희, 『조국을 찾기까지』, 탐구당, 1973.
- 한국교회사연구소편, 『황해도천주교회사』, 한국교회사연구소, 1984.
- 한국기독교100주년기념사업협의회 여성분과위원회편, 『여성 : 깰지어다 일어날지어다 노래할지어다』, 대한기독교출판사, 1985.
- 한국독립운동사연구소, 『도산안창호자료집』
- 한국정신문화연구원 현대사연구소(편), 『遲耘 金綴洙』, 한국정신문화연구원, 1999.
- 黃海道天主教會史刊行事業會編, 『黃海道天主教會史』, 황해도천주교회사간행사업회, 1984.
- 스즈키 쓰네카쓰 지음·이상 옮김, 『상해의 조선인 영화황제』, 실천문학사, 1996.
- 엘리자베드 머컬리 지음·유영식 옮김, 『한 알의 밀이 떨어져 죽으면』, 대한예수교장로회총회교육부, 1985.
- L.H 언더우드 지음·이만열 옮김, 『언더우드 : 한국에 온 첫 선교사』, 기독교문사, 1999.
- H.G 언더우드 지음·이광린 옮김, 『한국개신교수용사』, 일조각, 1997.
- 릴리어스 호튼 언더우드 지음·김철 옮김, 『언더우드 부인의 조선견문록』, 이숲, 2010.

연구논문

- 김경일, 「식민지시기 신여성의 미국 체험과 문화 수용 : 김마리아, 박인덕, 허정숙을 중심으로」, 『한국문화연구』 제11호, 이화여대한국문화연구원, 2006.
- 김영삼, 「여성지도자, 여성교육자로서의 김마리아」, 『나라사랑』 30, 외솔회,

1978.

- 김혜경, 「김마리아의 민족주의 교육사상연구」, 『사대논문집』 창간호, 한양대 사범대학, 1981.
- 김호일, 「기독교 교육가 김마리아 연구」, 『인문학연구』 36, 중앙대인문과학연구소, 2003.
- 노영희, 「항일운동가 김마리아의 민족혼에 대한 자각과 실천과정」, 『인문과학연구』 7, 동덕여대 인문과학연구소, 2001.
- 노영희, 「김마리아, 민족혼에 대한 자각과 여성해방운동」, 『한림일본학연구』 6, 한림대 한림과학원 일본학연구소, 2001.
- 박용옥, 「대한민국애국부인회와 김마리아」, 『나라사랑』 30, 외솔회, 1978.
- 박용옥, 「김마리아의 망명생활의 독립운동」, 『한국민족운동사연구』 22, 한국민족운동사연구회, 1999.
- 배학복, 「나의 어머니, 김마리아 선생」, 『나라사랑』 30, 외솔회, 1978.
- 오현주, 「김마리아 선생을 생각한다」, 『나라사랑』 30, 외솔회, 1978.
- 유준기, 「김마리아의 생애와 독립운동」, 『한국보훈논총』 제8권 제1호, 한국보훈학회, 2009.
- 윤경로, 「한국개신교와 천주교의 역사적 관계」, 『한국 근대사의 기독교사적 이해』, 역민사, 1995.
- 이상학, 「하나님과 조국과 더불어 일체가 된 김마리아」, 『신앙계』 170, 신앙계, 1981.
- 이현희, 「김마리아와 민족독립운동」, 『나라사랑』 30, 외솔회, 1978.
- 이현희, 「김마리아의 생애와 애국활동」, 『한국사논총』 3, 성신여대 국사교육학과, 1978.
- 전택부, 「소래마을과 기독교와 김마리아 일기」, 『나라사랑』 30, 외솔회, 1978.
- 정충량, 「김마리아의 생애와 사상」, 『나라사랑』 30, 외솔회, 1978.
- 최영희, 「3·1운동에 이르는 민족독립운동의 원류」, 『3·1운동 50원년기념논집』, 동아일보사, 1969.

찾아보기

한국 항일여성운동계의 대모 김마리아

1판 1쇄 발행 2013년 11월 28일
1판 2쇄 발행 2021년 5월 31일

글쓴이   전병무
기 획   독립기념관 한국독립운동사연구소
펴낸이   한시준
펴낸곳   역사공간
          주소: 서울특별시 마포구 동교로 19길 52-7 PS빌딩
          전화: 02-725-8806, 팩스: 02-725-8801
등록   2003년 7월 22일 제6-510호
ISBN 978-89-98205-35-5 03900

역사공간이 펴내는 '한국의 독립운동가들'

독립기념관은 독립운동사 대중화를 위해 독립운동가를 발굴·선정하여,
그들의 삶과 자취를 조명하는 열전을 기획하고 있다.